Las I‌

Del Hombre

Posibilidades
Para Dios

Las Imposibilidades Del Hombre
Posibilidades Para Dios

Kenneth W. Hagin

A menos que se indique lo contrario, todas las citas bíblicas son tomadas de la versión Reina Valera Revisada de 1960.

18 17 16 15 14 13 12   09 08 07 06 05 04 03

Las Imposibilidades Del Hombre—Posibilidades Para Dios
ISBN-13: 978-0-89276-170-8
ISBN-10: 0-89276-170-9

Copyright © 1983 Rhema Bible Church
AKA Kenneth Hagin Ministries, Inc.
Con todos los derechos reservados.
Impreso en los Estados Unidos

English Title: *Man's Impossibility—God's Possibility*

En los Estados Unidos escriba a:
Kenneth Hagin Ministries
P. O. Box 50126
Tulsa, OK 74150-0126
1-888-28-FAITH
www.rhema.org

En el Canadá escriba a:
Kenneth Hagin Ministries of Canada
P. O. Box 335, Station D
Etobicoke (Toronto), Ontario
Canada M9A 4X3
1-866-70-RHEMA
www.rhemacanada.org

El Escudo do Fe (Faith Shield) es una marca registrada de Rhema Bible Church AKA Kenneth Hagin Ministries, Inc. Está registrada en la Dirección de Patentes de los EE.UU. teniendo así todos las derechos exclusivos de edición reservados.

Contenido

Dedico este libro con mucho amor y respeto a mi padre, Kenneth E. Hagin. Su influencia en mi vida y ministerio es una bendición sin par.

CAPÍTULO 1

La Fe de Posibilidad

Muchas veces durante nuestra vida aquí en la tierra oímos estas palabras una y otra vez: *imposible, imposible, imposible, imposible, imposible.* Escucha las conversaciones alrededor de ti. Lo oirás una y otra vez, pero no tiene que ser *imposible.* Incluso con la fe natural del conocimiento humano, del mundo de los sentidos, o la fe de la mente o la razón—no importa cómo la quieras llamar—no tiene que ser *imposible.*

¿Imposible? ¡No! Tú puedes hacer algo sobre esto.

Si *crees,* puedes *hacer* algo. A los hermanos Wright se les dijo, "No podéis volar." Pero ellos volaron el primer avión. De acuerdo con lo que los hombres dijeron, hoy no existiría el puente colgante de San Francisco llamado "Golden Gate". "Pues, ¡es imposible!" Pero, el puente está allí. A los ingenieros que construyeron el pantano Hoover se les dijo: "¡No podréis construirlo, es imposible, es demasiado alto! No podrá sostener tanta agua. La caída del agua es demasiado precipitada." ¡Pero ellos lo construyeron! Yo he estado allí y de pie encima del pantano lo he contemplado. He conducido sobre el puente colgante "Golden Gate". Pero a los ingenieros les dijeron, "¡Estáis locos! No debierais ni intentar construirlo."

Los ingenieros dijeron, "Es posible. Puede hacerse. Nosotros creemos que puede construirse." ¡Y lo hicieron!

Hace algunos años cuando los científicos comenzaron a hablar de ir a la luna y de orbitar alrededor de élla, yo leí artículos en los periódicos que decían, "¡Oh! Yo no creo que nunca vayamos a la luna. ¡No podemos ir a la luna! ¡Qué idea tan absurda! ¿Ir a la luna? ¿Cómo podremos salir de la gravitación de la tierra? ¡No podemos hacer tal cosa!"

¡Pero lo hicieron! Entonces ellos se retractaron y dijeron, "Bueno, parece que sí que han llegado hasta allí." Entonces alguien escribió un artículo diciendo: "¡Los científicos están pensando en aterrizar y andar sobre la luna! ¿No saben ellos que eso no pueden hacerse? ¡Imposible!"

¡Pero lo hicieron! Eso es lo que la fe de la naturaleza humana conseguirá. Muchos de vosotros que estáis leyendo estas líneas, habéis conseguido muchas cosas en la vida porque creísteis que podríais hacerlo. Te dijeron que era imposible pero de todas las formas lo hiciste. Tenías la fe de la naturaleza humana, una fe que llevó algo a cabo porque creíste en ti mismo. Esa fe alcanzó el objetivo que tenías. Te propusiste cumplir cierto objetivo, y lo cumpliste porque creíste en ti mismo.

Algunas cosas son imposibles para el hombre.

Ahora, quiero que notes que no importa cuán grande tu fe natural o humana sea, hay muchas cosas que te son imposibles de hacer.

Es imposible que el hombre se salve a sí mismo.

Es imposible que el hombre se sane a sí mismo de enfermedades incurables.

Es imposible que el hombre se saque a sí mismo de la situación en la que el mundo nos dice que nos encontramos hoy en día. Todo lo que quieras leer sobre la ecología, todo lo que quieras leer de los sicólogos y todas las conferencias de los sociólogos que quieras oír, te dirán que estamos condenados. "Si la comida no se termina primero, nos mataremos a nosotros mismos con la contaminación", dicen los ecólogos. Los sociólogos dicen: "Así, si continuamos encaminados de la misma manera, nos mataremos unos a otros, porque estamos enojados los unos contra los otros. Nadie se lleva bien con su prójimo." Y así continúa. Los comités se reúnen, los legisladores tienen asambleas para legislar y cuando terminan la asamblea, todo es en vano y el hombre continúa imposibilitado para sacarse a sí mismo del estado en que se encuentra hoy. ¿Por qué?

Porque el diablo tiene el control de ello. La Palabra de Dios dice que él (Satanás) ha venido para robar, matar y destruir.

Tú me preguntarás, "Pues, ¿qué podemos hacer?"

Tu necesitas obtener la fe de posibilidad.

A no ser que obtengas *la fe de posibilidad* no podrás cambiar tu destino, no podrás cambiar nada y estás destinado a la ruina.

Hay algunas cosas que la fe de tu naturaleza humana podrá llevar a cabo, y podrás hacerlo porque crees en ti mismo. En cambio, hay otras cosas que podrás creer todo lo que quieras, hacer todo lo que quieras y nunca te librarás hasta que no obtengas *la fe de posibilidad* de la Palabra de Dios.

Jesús dijo en Lucas 18:27: "Lo que es imposible para los hombres, es posible para Dios." Y leemos en Lucas 1:37: "Porque nada hay imposible para Dios." ¿Te das cuenta que *es y hay* son dos palabras de las más fuertes que tenemos en el idioma castellano? El decir *es posible y nada hay imposible* es de lo más fuerte que tenemos en nuestra lengua. Con estas dos escrituras en nuestra mente leamos ahora, Marcos 11:22–24: "Respondiendo Jesús, les dijo: Tened fe en Dios. Porque de cierto os digo que cualquiera que *dijere* a este monte: quítate y échate en el mar, y *no dudare* en su corazón, sino *creyere* que *será hecho* lo que dice, lo que diga le *será hecho*. Por tanto, os digo que todo lo que pidiereis orando, creed que lo recibiréis, y *os vendrá*." El día anterior Jesús se había acercado a la higuera, y en el versículo 14, El dijo: " . . . Nunca jamás coma nadie fruto de ti." Después en el versículo 21, Pedro le recordó a Jesús estas palabras y Jesús le contestó en el versículo 22, " . . . Tened fe en Dios." Algunas traducciones dicen: "Tened la clase de fe de Dios." La clase de fe que tiene Dios es *la fe de posibilidad*. Es posible con la clase de fe que Dios tiene. *La fe de posibilidad es una fe que cree con el corazón, lo dice con la boca y recibe lo que cree en el corazón.*

Quiero que comprendas bien la clase de fe de la cual estamos hablando. Cuando Jesús estaba hablando de esta clase de fe, El estaba diciendo, "Tened esta *fe de posibilidad*" o "Tened la clase de fe de Dios." El estaba hablando de la clase de fe que Dios ha ejercitado siempre. Leamos en el primer capítulo de la Biblia—Génesis 1:3, "*Y Dijo Dios:* Sea la luz, y fue la luz." Los versículos 6 y 7 dicen, "*Dijo Dios:* Haya expansión en medio de las aguas, y separe las aguas de las aguas. E hizo Dios la expansión, y separó las aguas que estaban debajo de la expansión, de las aguas que estaban sobre la expansión. Y fue así." Continúa leyendo en el versículo 9, "*Dijo* también *Dios:* Júntense las aguas que están debajo de los cielos en un lugar, y descúbrase lo seco. Y fue así." Lee el versículo 14, "*Dijo* luego *Dios:* Haya lumbreras en la expansión de los cielos para separar el día de la noche . . . ." y al final del versículo 15 dice, "Y fue así." Seguimos leyendo en el versículo 20, y nos dice: "*Dijo Dios:* Produzcan las aguas seres vivientes, y aves que vuelen sobre la tierra, en la abierta expansión de los cielos." Y Dios dice que era bueno. Estaba hecho. Quiero que notes que en el versículo 24, la Palabra dice, "Luego *dijo Dios:* Produzca la tierra seres vivientes según su género, bestias y serpientes y animales de la tierra según su especie. Y fue así." ¿Te das cuenta ahora de que el primer capítulo de la Palabra de Dios es una demostración de lo que *es la clase de fe de posibilidad de Dios?* Esa *fe de posibilidad* es la clase de fe que habla y cosas ocurren. Hemos leído: "Dios habló y fue así."

Cristiano, quiero que te des cuenta de esto: Tú y yo hemos sido hechos hijos de Dios. Tú y yo somos miembros de la familia de Dios, y hemos sido hechos coherederos con Jesucristo. Quiero que te des cuenta que después de haber sido hecho un miembro de la familia de Dios, has sido adoptado en aquella familia (por medio de la salvación), y se te ha dado la misma clase de *fe de posibilidad* que Dios tiene, porque El es tu Padre. ¡Tú puedes hablar y lo que digas ocurrirá! Gloria a Dios. Quiero que te des cuenta de que depende de ti el ejercitar tu propia *fe de posibilidad* para que puedas recibir lo que deseas de Dios.

Puedes saber todo lo que se refiere a tu *fe de posibilidad*, y puedes hablar de élla. Incluso puedes decirles a otros cómo usar su *fe de posibilidad*, y sin embargo tú mismo fracasar al no recibir nada. Hace algún tiempo oí que cierto individuo le decía a otro: He aquí lo que debes hacer. Primero debes creer en Dios. La Palabra de Dios dice: "Mi Dios, pues, suplirá todo lo que os (me) falta conforme a sus riquezas en gloria . . . ." El continuó hablando y diciéndole lo que tenía que hacer: "Ahora tienes que creerlo, confesarlo y ocurrirá." Como puedes ver, este hombre le dijo al individuo cómo recibir ayuda financiera y dicha persona comenzó a vivir en una vida de prosperidad financiera.

Después de esto, alguien se aproximó al hombre que estaba enseñando lo dicho y le dijo: "Oye, todos nos estamos juntando para ir a comer fuera de casa."

Ese mismo hombre dijo: "Yo no puedo ir. No tengo el dinero." El había acabado de decirle a su amigo cómo ser liberado, y luego dio la vuelta diciendo, "Yo no tengo dinero. No puedo ir." Verás, él conocía los principios de la *fe de posibilidad*, y podía explicar a otra persona cómo usarla, pero él mismo no vivía en la prosperidad que anunciaba. Esta verdad que anunciaba no había penetrado más allá de su cabeza (el intelecto). No había penetrado en su corazón (el espíritu).

La Biblia dice que para Dios todo es posible. La gente dirá: "¡Oh, gloria a Dios! Para Dios todo es posible." Ellos hablarán de esta *fe de posibilidad;* y después de esto, los verás retorcerse las manos diciendo: "Oh sí, Hermano Hagin, quiero que sepa que yo deseo ardientemente esa *fe de posibilidad*. He estado orando y esperando que la conseguiré." En lugar de esto, podrían comenzar a cantar durante todo el día las notas de música: *do, re, mi, fa, sol, la, si, do,* porque no les sirve de nada el orar para recibir fe.

Esta *fe de posibilidad*, la clase de fe que habla y recibe, te vendrá solamente de una manera. Romanos 10:17 dice: "Así que la fe es por el oír, y el oír, el oír, el oír, el oír, por la Palabra de Dios" (parafraseado por el Autor). La Palabra de Dios dice mucho sobre el oír. De hecho, a través de todo el Nuevo Testamento encontrarás estas palabras redactadas: "El que tiene oídos para oír, oiga lo que el Espíritu está diciendo." Y ciertamente, todos tenemos oídos.

Dios está tratando de anunciar algo a Su pueblo. El desea que tú sepas que no es suficiente el oír con los oídos físicos; no es suficiente el dejar que la voz entre en los dos canales de tu oído; ni es suficiente el permitir que el sonido vibre los tímpanos y todas las pequeñas partículas del oído hasta donde puedas comprender y oír. Lo que El está diciendo es: "Tú tienes que obtenerlo, u oírlo con el espíritu hasta lo más profundo del interior."

Mucha gente cuando ve la televisión, y salen los anuncios comerciales, desconectan mentalmente un pequeño interruptor y cortan el sonido durante unos 30 ó 60 segundos. Cuando regresa el programa y oyen la música del mismo, automáticamente hacen el cambio mental introduciéndose en el ambiente del programa que estaban viendo. Ni siquiera oyeron los anuncios. Algunos actúan de la misma manera con las cosas de Dios. Se sientan en la casa de Dios, oyen los himnos tan bonitos, y saltan alabando a Dios. Tocan las palmas, cantan y dicen: "¡Oh, gloria a Dios! ¡Aleluya! Oh, ¿No es esto maravilloso?" Pero en el momento en que la Palabra de Dios comienza a fluir, desconectan mentalmente el interruptor y no oyen la Palabra. Después cuando el culto se está acabando y comienzan los últimos cantos con la música, mentalmente conectan el interruptor y se ponen todos animados. Quiero decirte que eso es bueno y me gusta. No estoy en contra de aquellos que se ponen bien animados para el Señor, pero no desconectes el interruptor cuando el hombre comienza la predicación de la Palabra de Dios—ésa es la parte más importante.

Puedes vivir sin todo eso que te inspira y te hace sentir bien, pero no puedes vivir sin saber los principios verdaderos de esta *fe de posibilidad.*

Ejercita tu fe de posibilidad.

La Palabra de Dios dice que es imposible que agrades a Dios si no tienes esta *fe de posibilidad*. Yo no lo dije. Otro miembro de la familia Hagin no lo dijo. Muchos se han dado la idea de que este mensaje de fe es el mensaje de Hagin. ¡No! Este mensaje no es de Hagin. Es el mensaje de Dios para Sus hijos. Realmente lo que ha pasado es que fue mi padre el que tuvo la osadía y el valor de enfrentarse con toda clase de obstáculo diciendo: "¡La fe en Dios obra resultado!" y lo hizo cuando este mensaje no era popular.

Te enfrentarás con una situación similar cuando comiences a ejercitar esta *fe de posibilidad*. La gente te mirará de una manera muy extraña como si *te acabaras de caer de una escalera o fueras un habitante de otro planeta*. Ellos te contemplarán diciendo: "¡Eh! Espera un momento. ¿Quién te crees que eres?"

No permitas que esto te preocupe. Simplemente, cree lo que Dios dice y ejercita tu *fe de posibilidad* ante toda circunstancia contradictoria, y cuando hagas esto, lo que crees te será hecho.

Yo puedo predicarte y enseñarte todo lo que sé sobre la fe. Puedes absorberlo todo como una esponja. Después, cuando llegues a la última página de este libro y lo dejes, deberías estar tan lleno de fe y del poder de Dios que comiences a recibir toda clase de bendiciones. Pero, ¿sabes que muchos de vosotros que leéis este libro seréis como una esponja? Os saturaréis de los hechos concernientes a la *fe de posibilidad,* pero en el momento en que os enfrentéis con la incredulidad y las circunstancias de la vida, os sucederá como si una máquina apisonadora hubiera pasado por encima de vosotros. Si aplastas una esponja llena de agua con una apisonadora, verás que la esponja pierde todo el agua. Cuando la máquina apisonadora de las circunstancias de la vida te aplaste con enfermedad y problemas de falta de dinero, vas a necesitar activar la *fe de posibilidad* y continuar hablando de élla. Mientras continues hablando tu fe, la máquina apisonadora no tardará mucho en detenerse, dar la vuelta e irse en otra dirección.

Tú tienes la *fe de posibilidad* debido a lo que eres en Cristo que vive en ti. Pero si no aprendes a usarla, serás exprimido como la apisonadora apisona la esponja, una roca o cualquier otra cosa que se ponga en su camino. Debes aprender a usar esta fe de posibilidad. No funciona por sí misma.

Muchos cristianos piensan que es como sigue: Los oirás decir: "Bueno, si Dios quiere que lo tenga, lo tendré algún día. Un día de estos voy a ser sanado." Ellos dirán: "Hermano Hagin, quiero decirle que uno de estos días yo voy a recibir mi sanidad. Voy a deshacerme de esta deuda. Voy a levantarme de esta silla de ruedas. ¡Oh! Uno de estos días voy a conseguirme una de esas casas grandes y bonitas . . . ." ¡Bien! Eso dijeron hace tres años y todavía lo repiten. Y *yo todavía no he visto ningún resultado*. Nada en absoluto se ha manifestado.

Otros han venido a mí diciéndome: "Hermano Hagin, la Palabra de Dios dice que 'ahora me toca a mí.' La Palabra de Dios dice que 'este es mi día.'" Y los he visto levantarse de la silla de ruedas. Otros me dijeron: "Hermano Hagin, la próxima vez que Ud. me vea voy a estar en un estado completamente nuevo, porque la Palabra de Dios dice que 'este es mi día'", y ellos fueron liberados.

¿Cuál es la diferencia?

¡Veamos! Una persona estaba hablando meramente y usando sólo la fe de su cabeza y la otra estaba haciendo una confesión basada en la Palabra de Dios—usando la *fe de posibilidad*.

Si dices, "Oh, yo reclamé algo. Puse mi fe en lo que deseaba y nada ocurrió." Esto es porque no estás usando correctamente la *fe de posibilidad*.

Hay tres categorías de cristianos de fe.

Durante toda mi vida he estado rodeado de cristianos de fe. Nací con el mensaje de fe, lo he visto y crecido con él. He visto la fe obrando desde el principio hasta el final. Yo no quiero parecer superior, pero puedo clasificar a las personas después de hablar con éllas durante cinco minutos, sobre las cosas de la fe y de Dios. Hay tres categorías de cristianos de fe:

1. *Cristianos de fe excitada:* Estos son aquellos que han estado en un lugar donde la Palabra de Dios ha sido predicada. Ellos son inspirados momentaneamente porque todos están excitados y animados. "¡Hermano! ¡Qué bendición!" Tienen fe de posibilidad excitada. Nunca reconocen los hechos verdaderos. Ni siquiera reconocen la realidad. La próxima vez que veas a esta gente de fe excitada notarás que continúan excitados pero sin obtener resultados. Son los que conducen por el camino de la vida y se estrellan a la izquierda de la carretera.

2. *Cristianos indecisos:* Son aquellos que dicen, "La Biblia dice que estoy sanado, pero yo no sé. Aun me duele. Supongo que no estoy sanado." Al mismo tiempo que hacen una confesión de fe, ellos son enlazados con las palabras de sus bocas al contradecirse. Se apoyan en su propia prudencia o entendimiento. Proverbios 3:5 dice: " . . . No te apoyes en tu propia prudencia." Ellos son los que se estrellan a la derecha del camino porque se apoyan demasiado en los hechos.

3. *Cristianos de confesión positiva:* Son aquellos que usan la fe de posibilidad que tienen. Ellos pueden volar. El hombre que puede volar dirá: "Bendito sea Dios, los libros dicen que estamos en deuda. Mi cuerpo dice que duele. Todo esto es una realidad: No puedo negarlo. Pero armado con las grandes verdades de la Palabra de Dios, hago mi confesión de fe de acuerdo a la Palabra de Dios. La Palabra de Dios dice que 'Dios suple todas mis necesidades.' Y yo confieso que mi libro de cuentas tendrá un *saldo a mi favor*. Mi Biblia dice que 'Por su llaga fui sanado' y cuando todo sea dicho y hecho el dolor se habrá ido. La enfermedad habrá desaparecido y yo estaré bien." Este individuo reconoce que el problema existe, pero él usa su *fe de posibilidad* poniéndola a obrar en sus necesidades y obtiene resultados.

No estoy tratando de humillar a nadie. Solo quiero que los cristianos se despierten. Cristiano lector, si quieres obtener algo de Dios, necesitas salir del grupo de la izquierda o de la derecha y marchar con los que van en el centro del camino. Como ves, hay muchos que aceptan el mensaje de fe y se estrellan al borde del camino.

Pon tu confesión en armonía con la Palabra de Dios, y ejercita tu *fe de posibilidad*. Como ves, el individuo que reconoce la existencia del problema y pone su *fe de posibilidad* a obrar en el problema obtendrá resultados.

Narración Aparte

Hace algunos años, mi padre, Kenneth E. Hagin, vino y me dijo: "Hijo, Dios me manda comenzar una escuela para predicadores." El dijo, "Dios desea que tú la administres, seas el director y la organices."

Yo le contesté, "Yo lo sé." Mi esposa y yo lo habíamos sabido hacía meses. Nosotros estábamos esperando a que mi padre lo recibiera de Dios.

Alguien podría decir: "Bueno, ¿Por qué fue tu padre tan lento si tú ya lo habías sabido desde hacía meses?"

Bueno, te lo voy a decir—aquí es donde mucha gente se mete en problemas. Voy a contarte esta narración y mostrarte algo que puede ayudarte en tu vida familiar. A mi padre no le habría gustado nada mejor que el ver a su propio hijo dirigiendo el Instituto. No le habría gustado nada mejor que el ver a su propio hijo (en la carne) seguir los pasos de su padre. Pero quiero decirte esto: Si Dios no está en ello, eso echaría a perder el ministerio de mi padre, el ministerio mío y el de todos aquellos que se pusieran en contacto con nosotros. Por lo tanto, él lo decidió con mucha cautela debido a que quería estar seguro de que no era algo que venía de su cabeza, como amor natural de padre. El quería estar seguro de que esto estaba saliendo de su corazón (espíritu), así que él tomó su tiempo para estar seguro de que eso era lo correcto.

Empezamos el Instituto y al entrar yo un día, mi secretaria me dijo: "Ken, estos son los hechos y el estado de las cuentas." Yo comencé a reírme ahogadamente porque ya había analizado esto en mi mente y sabía de lo que se trataba. Ella continuó diciendo: "Aquí tienes las cuentas. Hay más salidas que entradas. Este mes van a salir de pagos 8.000 dólares más de lo que hemos recibido."

Cogí dicho pedazo de papel y me fui a mi oficina. Tomé mi sillón y me senté junto a mi escritorio. Cogí el papel de las cuentas y lo puse delante de mí. Retrocedí un poquito del escritorio y dije: "Ahora Señor, aquí tienes las cuentas. Tú puedes leerlas. Yo no necesito decirte de lo que se trata. Los números indican que este mes vamos a pagar 8.000 dólares más de los que hemos recibido. Ahora, Padre Celestial, aquí tienes los hechos que existen. Aquí están las cuentas escritas en papel blanco con tinta negra y roja. Aquí están."

En caso de que no sepas nada sobre contabilidad, yo tenía un papel blanco, con sumas escritas en negro y al final de la hoja había una suma roja entre paréntesis en rojo. ¡Eso significaba que no tenía aquella cantidad en la cuenta corriente! Elevando mis ojos hacia arriba dije: "Está bien Señor, he aquí las cuentas. Pero considerando las grandes verdades de la Palabra de Dios que yo he predicado y enseñado, yo lo digo con mi boca de acuerdo con la Palabra de Dios, 'al final de este mes habremos pagado todas las facturas y tendremos en el banco lo que tenemos ahora antes de pagar. Vamos a pagar todas las deudas incluyendo los 8.000 dólares y vamos a tener en el banco lo que tenemos ahora.'"

Alguien dijo: "Ese es un hueso muy duro de roer."

¡Sí! Lo era para mí. Pero yo estaba aplicando mi *fe de posibilidad* en el problema. Cogí la hoja de las cuentas, la llevé a la oficina de mi secretaria y tirándola sobre su escritorio le dije: "Esto ya está solucionado. Archiva este papel."

Después de esto, durante todo el mes, cada vez que yo abría la puerta y atravesaba la oficina de mi secretaria, tenía que pasar junto al archivo que tenía la hoja de cuentas—allí estaban todas las cuentas. Yo sabía que para ver el dinero que habíamos recibido sólo tenía que abrir el archivo. ¡Allí mismo estaba! Yo podía saber con exactitud cuánto dinero recibíamos cada día. Abría la puerta y al andar junto al archivo, el diablo me detenía diciendo: "Eh, ¿Por qué no echas una ojeada? ¿Por qué no miras un poquito para asegurarte bien?"

Yo le decía, "Sr. diablo, ya me he ocupado del problema. No necesito echar una ojeadita para ver si el dinero está entrando. Yo sé que está entrando porque la fe de posibilidad dice algo y así ocurre."

Dios dijo: "Sea . . . y fue." Jesús habló a la higuera y se secó. Una vez que te hayas apropiado de esta regla de conducta y aprendas a vivir con élla, verás como cambian algunas cosas en tu vida. Así pues, entré en mi oficina, cogí mis libros, fui a mi clase y enseñé. Algunas veces deseé haber movido de lugar el archivo para que Satanás no me molestara, pero esto no hubiera servido para nada. Satanás hubiera continuado inquietándome. Yo sabía que tenía que pasar junto al archivo unas veinte o treinta veces al día, y cada vez que pasaba por allí el diablo saltaba a mis hombros gritándome. Y yo le decía, "De acuerdo a la Palabra de Dios, la necesidad ha sido suplida."

Era el final del mes y yo sabía que mi secretaria estaba haciendo el balance de las cuentas. Yo sabía que ella estaba haciendo el informe mensual. Yo estaba sentado en mi oficina cuidando de ciertos asuntos cuando oí que alguien llamaba a la puerta, y allí estaba ella con una sonrisa en su rostro. Ella puso el informe sobre mi escritorio, pero yo no necesitaba mirarlo para saber el resultado. Como ves, me ocupé de la situación al principio del mes. De hecho, fue uno de esos meses cortos (Febrero). ¡Ni siquiera miré el informe! Comencé a alabar a Dios. ¡Te doy gracias, Jesús! Le dije al diablo: "Ves, Sr. diablo, te lo dije hace 28 días, yo te dije que esto ya estaba solucionado. Trataste de inquietarme. Ahora voy a leer en estos papeles cuánto dinero extra nos ha dado el Señor."

Habíamos pagado todas las facturas que teníamos que pagar, y teníamos más dinero en el banco que al comienzo del mes.

Ahora quiero decirte algo: Si yo hubiera abierto los archivos una sola vez, sea que hubiera mirado las cuentas o no, si me hubiera detenido a tratar de mirar en el libro: si una sola vez me hubiera retractado en mi fe, abriendo el archivo, entonces me habría podido olvidar de todo. Yo habría cedido al diablo, y mi *fe de posibilidad* habría desaparecido. La *fe de posibilidad* ha de ser del corazón y tienes que ejercitarla.

Si no estás recibiendo, es porque no estás poniendo en acción la fe que conoces y que tienes en tu corazón. No estás creyendo por ti mismo. Deseas que alguien crea por ti en lugar de creer por ti mismo.

No te quedes en la guardería espiritual.

Dios compara el crecimiento espiritual con el físico. Hay muchos cristianos que todavía se encuentran en la guardería infantil, espiritualmente hablando, cuando debieran haber pasado ya al grado primero o al segundo. Debieran estar creciendo pero se encuentran todavía en la guardería infantil. Yo tengo un hijo que se llama Craig; al escribir estas líneas tiene ocho años de edad. También tengo una hija llamada Denise que tiene cuatro añitos. Si Denise dice, "Papá, quiero leche," yo me levanto y voy a darle un vaso de leche, porque ella no puede manejar las botellas grandes de leche, ni tampoco puede alcanzar el vaso para la leche. Pero si Craig me dice, "Papá, tengo sed. Quiero beber algo."

Yo le diré, "Sírvete tú mismo." Como ves, yo requiero que él haga ciertas cosas por sí mismo. Para mí sería un error el servirle como si fuera un bebé. Este es el problema que tienen muchos jóvenes de hoy. Se les ha dado todo masticado. Cuando son lo suficiente mayores para tomar responsabilidades, no saben cómo, ya que han recibido todo lo que querían. Yo le digo a mi hijo, "Tú sabes donde está. Ve y sírvete tú mismo."

Ahora bien, esto es lo que Dios nos está diciendo a muchos de nosotros hoy. "Hijo e hija, Yo te he cuidado todo lo que puedo. Ya es hora de que te cuides a ti mismo. Ya es hora de que comiences a hacer cosas por ti mismo. Ya es hora de que comiences a ejercitar tu propia fe de posibilidad y recibas por ti mismo."

Te he dicho cómo usarla y te he dicho que la tienes. Te he dicho que tienes que creer en el corazón y no en la cabeza. Ahora bien, no lo digas porque yo te lo he dicho. No obrará de esa manera. Debes hacerlo porque verdaderamente lo crees en tu corazón.

Ya es hora que recibas (de Dios hoy mismo) lo que deseas. Y lo obtienes actuando con una fe verdadera, y usando tu *fe de posibilidad.*

¿Estás listo? Confiesa la Palabra de Dios.

La Palabra de Dios dice, "Por Sus llagas fui sanado."

La Palabra de Dios dice, "Conforme a Sus riquezas en gloria, El suplirá todo lo que me falta."

La Palabra de Dios dice, "Mayor es El que está en mí, que el que está en el mundo." Así pues El mayor vive en mí. El es mayor que cualquier hábito. El es mayor que cualquier dificultad. El es mayor que cualquier cosa que yo me pueda imaginar.

La Palabra de Dios dice, "Soy más que vencedor en Cristo Jesús."

Si comienzas a citar lo que la Palabra de Dios dice, y comienzas a usar tu *fe de posibilidad*, comenzarás a andar en el camino de la vida cogiendo la mano de Jesús y cantando Victoria en Jesús: Me apoyo en Sus promesas, no puede caerme cuando las tormentas de la duda y temor me rodean. Yo venceré por la Palabra viva de Dios: ¡Apoyándome en Sus promesas, tengo la victoria sobre todo! ¡Aleluya a Jesús! Si tomas tu *fe de posibilidad* y comienzas a ejercitarla de acuerdo a la Palabra de Dios, puedes obtener lo que deseas de Dios hoy mismo.

CAPÍTULO 2

La Fe de Posibilidad: Tú la Tienes

La Palabra de Dios dice, "Lo que es imposible para los hombres, es posible para Dios" (Lucas 18:27). Aquí es Jesús quien está hablando y quiero que te des cuenta que Jesús no ha hecho distinciones en este versículo. El no dijo que *algunas cosas* son imposibles para los hombres y posibles para Dios. El dijo, " . . . Lo que es imposible para los hombres, es posible para Dios." Otra traducción dice, "*Las cosas que son imposibles para los hombres, son posibles para Dios.*" *Cosas. COSAS.* Sea que usemos *Lo* o *Cosas*, esto incluye todo *lo que quieras poner bajo tal categoría. Este libro es una cosa.* Un traje es una *cosa.* Cualquier circunstancia de la vida es una *cosa* que se interpone en tu camino y te impide el recibir. Lee ese versículo otra vez: " . . . *Lo que es imposible para los hombres, es posible para Dios.*" El se está refiriendo a una imposibilidad llegando a ser una posibilidad. ¿Cómo puede ser esto?

Por medio de la fe—esa palabra llamada *fe*—las imposibilidades se convierten en posibilidades. El diccionario Webster define la fe como sigue: *La fe es confianza en Dios sin hacer preguntas, o creer en las cosas de Dios sin hacer preguntas.*

Han habido quienes se me han acercado y dicho: "Hermano Hagin, quisiera preguntarle una cosa. No me malinterprete. Yo creo con todo mi corazón y tengo fe, pero deseo hacerle una pregunta . . . ." Sin excepción me están haciendo una pregunta que me prueba que no creen. Si creyeran, no me preguntarían. Si *no* crees porque no comprendes esto no es un pecado. Si no conoces la Palabra de Dios no puedes creer. Si te encuentras en la situación de no comprender algo cuando alguien esté enseñando, no tengas temor de admitirlo. Dile, "Mire Ud., yo tengo fe, pero no comprendo lo que Ud. me está enseñando, y deseo que me lo explique bien para que pueda creer."

Muchas personas tienen miedo de que alguien los condene. Y tienen motivo para ello.

Nosotros, los que somos fuertes en la fe, hemos ido en contra de las enseñanzas de Pablo en el Nuevo Testamento. El nos enseñó a *no condenar* a los que son *débiles* en la fe. Hemos humillado a muchos de tal forma que tienen temor de hablarnos y de hacer preguntas, para poder tener una fe fuerte. No pueden creer más allá de su actual conocimiento de la Palabra de Dios.

Yo quisiera que todos creyeran en Dios de la misma manera que yo creo. No me estoy dando gloria. Lo que estoy haciendo es darte una verdad que he aprendido a través de los años. En nuestra casa el creer en Dios formaba parte de nuestra vida cotidiana. Es todo lo que yo he aprendido. Si todos pudieran creer como algunos creen, es decir, ser tan fuertes en la fe como somos muchos de nosotros, entonces no habría necesidad de enseñar sobre este tema. Lo que estoy tratando de enseñar es lo siguiente: *No humilles a las personas* ni las condenes porque no tienen tanta fe como tú tienes. Hay quienes han sido puestos bajo tal condenación, por el simple hecho de hacer una pregunta sobre la fe, que ahora tienen miedo de preguntar. ¡Y con razón! Saltamos en medio de ellos como 'gatos salvajes desgarrando y arañando.

Debiéramos decir: "¡Oiga! Yo tuve el mismo problema que Ud. tiene. Puedo mostrarle la respuesta en la Palabra." Si hiciéramos así, habría más personas que se desprenderían de las imposibilidades que tienen en sus vidas.

Leemos en Marcos 11:22–24: "Respondiendo Jesús, les dijo: Tened fe en Dios. Porque de cierto os digo que cualquiera que dijere a este monte: Quítate y échate en el mar, y no dudare en su corazón, sino creyere que será hecho lo que dice, lo que diga le será hecho. Por tanto, os digo que todo lo que pidiereis orando, creed que lo recibiréis, y os vendrá."

Ahora, contradiciendo lo que creen algunas personas, ¡Kenneth E. Hagin no escribió tales versículos de las Escrituras! El es mi padre y yo sé que él no los ha escrito. Si oyes que alguien lo dice, puedes contestar y decir que oíste a su hijo diciendo que él no escribió Marcos 11:22–24. Lo que ocurre es que mi padre tiene entre cuarenta y sesenta sermones que predica acerca de esos versículos. Un día un hermano le preguntó, "¿Usted cree que agotará algún día los sermones basados en esos versículos de las Escrituras?"

"¡NO!" dijo mi padre. "Porque nunca se termina de aprender sobre la fe, la confesión de lo que se habla y del creer en Dios."

El día que aprendamos todo lo relacionado sobre el creer en Dios será el día en el que hayamos alcanzado la perfección. Y ése será el día en que Jesucristo regrese a la tierra. Así dice la epístola a los Efesios que en ese día los santos alcanzarán la madurez de la perfección. En aquel día, ya no necesitaremos enseñar más sobre la fe. Sabremos todo lo que hay relacionado con el tema de la fe.

En los versículos anteriores Jesús dice, "Tened fe en Dios, o tened la clase de fe que Dios tiene." Las imposibilidades se transforman en posibilidades si tienes la clase de fe que Dios tiene. ¿Cuál es la clase de fe que Dios tiene?

En el primer capítulo de este libro, fuimos al primer capítulo de la Biblia y vimos como Dios ejercitó Su fe—Su fe de posibilidad, e hizo que el mundo existiera. "Y Dios dijo, sea . . . el firmamento, la luz, y las aguas." Leemos en el versículo 26 del mismo capítulo en Génesis, "Entonces dijo Dios: Hagamos al hombre a nuestra imagen, conforme a nuestra semejanza . . . ." Nos dice como Dios creó al hombre. El usó Su clase de fe—la fe de posibilidad—El hizo que la palabra hablada se transformara en existencia tangible. Este mismo tema del Antiguo Testamento, podemos seguirlo en el Nuevo Testamento donde habla de Cristo en Juan 1:3, "Todas las cosas por él fueron hechas, y sin él nada de lo que ha sido hecho, fue hecho." En Hebreos 11:3 leemos: "Por la fe entendemos haber sido constituido el universo por la Palabra de Dios, de modo que lo que se ve fue hecho de lo que no se veía."

Recuerdas lo que Jesús le dijo a sus discípulos en el caso de la maldición de la higuera: "Tened fe en Dios, o tened la clase de fe que Dios tiene." El dijo algo más en Mateo 17:20. Los discípulos le preguntaron a Jesús por qué ellos no podían sanar al lunático y Jesús les respondió: "Por vuestra poca fe; porque de cierto os digo, que si tuviereis fe como un grano de mostaza, diréis a este monte: Pásate de aquí allá, y se pasará; y nada os será imposible." ¿Ves como las dos escrituras se complementan? "Tened la clase de fe que Dios tiene" y "Nada os será imposible." El está diciendo lo mismo en estos dos versículos de las Escrituras. "La imposibilidad del hombre llega a ser la posibilidad de Dios a causa de la fe de Dios." Esa clase de fe en Dios es la que tú y yo tenemos; que podemos decir algo con nuestra boca y contar con resultados.

Confiesa lo que la Palabra de Dios dice.

Es muy importante que sepas que cuando dices algo con la boca tienes que hacer tu confesión basada en la Palabra de Dios y creerla en el corazón. Puedes hacer confesiones durante todo el día, pero si éstas no están basadas en la Palabra de Dios—en armonía con la Palabra de Dios y creyéndolas en el corazón, nunca obtendrás nada.

Algunos han forzado la fe de aquellos que estan enfermos y la han forzado de tal manera que los enfermos han hecho confesiones de fe sin creer en sus corazones. Para deshacerse de aquella persona, harán una confesión de fe, y nada ocurre. Aquel que forzó al enfermo a hacer la confesión de fe, cuando no estaba listo, ha abierto la puerta a Satanás para que empiece a obrar y a esparcir toda clase de semillas de duda e incredulidad en todo el lugar, haciendo que se divierta en la vida de aquella persona.

No fuerces al enfermo a hacer confesiones de fe. Si notas que no están listos para hacer una confesión de fe, continúa alimentándolos de la Palabra de Dios. Continúa alimentándolos con buenas cintas de fe acerca de personas que han recibido. Si los alimentas bien con la Palabra de Dios, ellos recibirán la clase de fe que Dios tiene, y luego estarán listos para hacer una confesión de fe y para recibir por sí mismos.

Ellos ya tienen fe, porque la Palabra de Dios dice que somos salvos por medio de la fe; y esto no de nosotros, pues es don de Dios. (Leer Efesios 2:8.)

Una fe: Diferentes niveles.

Dios solamente tiene una clase de fe, y esa fe que te fue dada cuando fuiste salvo es la misma que tú usas para crear la posibilidad cuando el hombre te dice que es imposible. Yo quiero enfatizar esto: No tenemos una fe para ser salvos, otra fe para recibir el Espíritu Santo, otra fe para ser sanados y otra para creer en Cristo. Todo es una sola fe. *Una fe.* Esa fe por sí sola solucionará todas nuestras necesidades.

Si fueras a trabajar con herramientas pesadas y fueras a hacer un trabajo extra-pesado, necesitarías herramientas más pesadas que las que usarías para hacer un trabajo menor. Si fueras a transportar una carga por las carreteras de los Montes Rocosos de los Estados Unidos, necesitarías un camión diesel con un motor más potente que si fueras a transportarla por las llanuras del Oeste de Texas. Allí están las llanuras sembradas de trigo donde se puede ver el horizonte donde se junta el cielo con la tierra, y parece que el único obstáculo que hay hasta el Polo Norte es algunas alambradas. En la llanura no necesitas tanta fuerza como para subir la montaña. Hay camiones que no pueden subir las montañas con cargas porque no están fabricados para ese transporte, y no se les puede poner la misma carga en la llanura que en la montaña. Necesitas un transporte con un motor más potente para subir las montañas. En cambio el camión que es fabricado para la montaña, también puede transportar cargas en la llanura. En ese caso sólo necesitarías un tipo de camión para llevar a cabo los dos trabajos.

En el tema de la fe, sólo hay un motor—la clase de fe que Dios tiene—la cuál transporta nuestras cargas en las montañas y en las llanuras. Hay sólo una clase de fe pero *con diferentes niveles*.

Algunos creyentes dirán que hay diferentes clases de fe. No es así. No hay diferentes clases de fe. Hay una fe con diferentes niveles. Citarán las escrituras que hablan de los diferentes niveles de fe, y los llamarán "diferentes clases de fe." Están usando una terminología errónea.

Algunos dirán, "Bueno, no puedo sanarme porque Ud. sabe que yo no tengo esa fe grande. Sólo hay unas pocas personas que tienen esa fe grande de que él está hablando." No: El tener mucha fe no quiere decir que sea una fe diferente. Es un nivel diferente de fe.

La razón por la cuál algunos tienen mucha fe es porque han tomado la Palabra de Dios; y han oído, y oído, y oído, y oído, ellos han oído una y otra vez. "La fe viene por el oír, y el oír por la Palabra de Dios." Algunas veces sería bueno si quitáramos los signos de puntuación de las Escrituras porque no estaban allí en el original; ni tampoco había divisiones en capítulos y versículos. En verdad, los traductores de la Biblia cometieron una injusticia con nosotros en 1 Corintios 13, 14, y 15. Ellos lo dividieron cuando todo debiera *ser un discurso* y ser considerado en contexto. Lo mismo hicieron en Romanos 10:17 que dice: "Así que la fe es por el oír, y el oír, por la Palabra de Dios." Si le quitamos las comas, dirá así, y podremos ver que es algo contínuo: "Así que la fe es por el oír y el oír por la Palabra de Dios." Tú haces que las personas oigan la Palabra de Dios, y ellos reciben fe por el oír, el oír, el oír, el oír la Palabra de Dios.

No les inspires a hacer confesiones de fe que salgan de sus cabezas en lugar del corazón. Si lo hacen nada ocurrirá. La situación que era imposible continuará siendo imposible, y ellos quedarán en un estado de incertidumbre sin saber qué hacer. Simplemente continúa alimentándolos de la Palabra. Ellos necesitan oír testimonios de fe. Ellos necesitan oír la Palabra para que la fe crezca en éllos. Entonces harán confesiones de fe que saldrán de sus corazones y no de sus cabezas.

Un ejemplo de cómo alimentar a la gente con la Palabra para que hagan la verdadera confesión de fe.

Buenos ejemplos de la imposibilidad del hombre, y la posibilidad de Dios, se encuentran en los testimonios de los libros de la Doctora en Medicina, Lilian B. Yeomans. Los libros de la Dra. Yeomans estuvieron fuera de imprenta durante muchos años. Mi padre tenía tan alta opinión de esos libros que un día envió a mi cuñado de viaje a la Casa de Publicación "Gospel Publishing House" en Springfield (Missouri) para ver si podíamos comprar los derechos de publicación o si ellos podían volver a publicarlos. Ellos los volvieron a publicar y son unos de los mejores libros de fe que puedes leer.

La Doctora Yeomans pasó casi toda su vida trabajando como doctora en medicina. Ella se adictó a la cocaina y a otros narcóticos y debido a ésto perdió su licencia para practicar medicina. Entonces—ella fue salva, liberada y libre. Fue sanada por el poder de Dios, y por el resto de su vida, en lugar de practicar la medicina física, la Doctora Yeomans practicó la sanidad divina.

Durante algunos años vivió en el Sur de California, y enseñó la sanidad divina en dos Institutos: L.I.F.E. Bible College y Southern California Bible College. Ella enseñaba en un Instituto durante la mañana y en el otro por la tarde.

Mi padre había estado leyendo algunos de los libros de la Doctora Yeomans, y sucedió que al referirse a éllos hablando con unos hermanos, se enteró que éllos habían asistido a las clases que ella enseñaba. Un hermano le contó lo siguiente a mi padre: "Una vez, mientras estaba trabajando de turno de noche y yendo a clases Bíblicas durante el día, fui a ella diciéndole: 'Doctora Yeomans, ¿Quisiera orar por mi resfriado?' Ella me miró y dijo, 'Bueno, si este resfriado es tuyo de nada servirá el orar.' Entonces le dije, '¡Oh! ¿Quisiera orar y ponerse de acuerdo conmigo acerca de este resfriado del diablo?' Y ella dijo, '¡Ciertamente!'"

La Doctora Yeomans enseñó que es así como se acepta el paquete del diablo, llamándolo "mi resfriado." Hoy puedes oír las mismas enseñanzas.

La Doctora Yeomans heredó una mansión en el sur de California, y la transformó en una casa para personas con enfermedades incurables. Venían en ambulancias. Ya que ella había sido una doctora, no había olvidado la medicina. La Dra. Yeomans dijo que al empezar a examinar a algunos de aquellos pacientes, si aun hubiera estado practicando la medicina, les habría empezado a dar inyecciones inmediatamente para estimularles. Pero, ya que no practicaba medicina, élla y su hermana los llevaban arriba y les empezaban a leer la Palabra de Dios. Había una mujer que tenía tuberculosis (TB). Ellas le leían Gálatas 3:13 que dice: Cristo la (nos) redimió de la maldición de la ley. Después le leían Deuteronomio 28 que habla sobre las maldiciones de la ley; y aquí mismo en el versículo 22 habla de tisis. Así se llamaba la tuberculosis en aquellos días. Después, junto con esos dos versículos, ellas le leían otros versículos sobre la fe y la sanidad. Una y otra vez ellas leyeron estos versículos a la enferma durante unos tres días (si bien yo recuerdo.)

Un día, la hermana de la Dra. Yeomans acababa de salir de la habitación para ir abajo a ayudar a preparar la comida, y llevársela a los enfermos, cuando de pronto oyeron como si alguien se había caido al suelo. Recuerda: Tenían gente moribunda y ninguno tenía fuerzas suficientes para salir de la cama. Pero de repente ellas oyeron que alguien había saltado al suelo, y comenzado a danzar y gritar. Desde luego, corrieron para ver lo que estaba sucediendo, cuando en aquel momento vieron que una señora bajaba deslizándose por la escalera de caracol.

"¡Hermana Yeomans! ¡Hermana Yeomans! ¿Sabe que he sido sanada de tuberculosis? ¿Sabe que Cristo murió y que por las llagas en Su espalda ya no tengo más tuberculosis?" ¡Ella estaba gritando y alabando al Señor!

Como ves, la fe que viene por el oír, el oír, el oír de la Palabra de Dios llegó a su corazón, y cuando suficiente fe fue bombeada en el corazón, ella se dio cuenta. Y saltó de la cama comenzando a hacer algo por su cuenta. Aquí es donde lo imposible se hizo posible.

Necesitamos dar a la gente la Palabra de Dios para que la fe crezca hasta el punto en el que puedan recibir. Cometemos un error cuando tratamos de inspirarlos a que muevan las montañas que tienen cuando en realidad no están listos ni para hablar a una topinera.

En caso de que no sepas lo que son las toperas, o topineras, te voy a explicar lo que son. En Texas donde yo nací, hay unos animalitos pequeños que se llaman "topos." Ellos construyen túneles muy largos bajo tierra y con la tierra que sacan hacen unos montoncitos de unos 15 cm de alto. Esos montoncitos de tierra se pueden destruir fácilmente con el pie. Algunas personas tienen fe para mover toperas y con ese nivel de fe que ellos tienen tratan de mover el monte Everés. ¡Ahora bien, yo puedo darle un puntapié a una topera, pero ni trataré de mover el monte Everés con un puntapié!

Edifica tu nivel de fe.

Si tu fe no está al nivel en el mundo espiritual en el cuál puedes cambiar imposibilidades en posibilidades, necesitas ejercitarla y hacerla crecer hasta dicho nivel. Algunos me han dicho, "Hermano Hagin, esa es *la clase de fe* que yo quiero. He estado orando para que Dios me ayude a tener esa *clase de fe*. He estado orando y ayunando desde hace tres días en anticipación de su visita, para que cuando Ud. viniera me impusiera las manos y yo pudiera recibir esa *clase de fe*."

Los he mirado y he deseado sacudirles un poco y decirles, "¿No oísteis lo que dije esta noche?" Claro, yo no puedo hacer tal cosa. Pero sabes que han estado sentados en el lugar donde la Palabra de Dios ha sido predicada y no oyeron. Todavía creen que hay diferentes clases de fe.

Cometemos el error de pensar que los que van a la reunión reciben el mensaje como nosotros. Vamos a ellos y hablamos de todo lo relacionado con esta fe y ellos no comprenden. Estuvieron en la misma reunión que nosotros asistimos, pero solamente su cuerpo físico se encontraba presente. No han oído.

La Palabra de Dios dice esto una y otra vez, y yo lo repito, y repito, "El que tiene oídos para oír, oiga," o "El que tiene oído para oír, oiga" (Mateo 11:15; Marcos 4:9,23; 7:16; Lucas 8:8; 14:35; Apocalipsis 2:7,11, 17, 29; 3:6,13,22; 13:9.)

No se está refiriendo a los oídos físicos: Se está refiriendo a los oídos espirituales. Déjalo entrar a través de tus oídos espirituales hasta el interior.

Muchas personas van a la iglesia y sus cuerpos están presentes, pero ellos están fuera trabajando en su automóvil, planeando las vacaciones o haciendo toda clase de cosas. Esto me ocurrió a mí una vez mientras estaba yendo a la Escuela Bíblica.

El profesor nos dio un examen de sorpresa y yo no salí bien a pesar de que normalmente sacaba buenas notas en los exámenes. El profesor me llamó diciéndome: "¿Ken, que te ocurre? ¡Tú nunca sacaste una calificación tan mala!"

Le dije, "Oh, la culpa es mía."

El dijo, "Pero tú has estado en clase todos los días."

"¡Oh sí!" le dije, "mi cuerpo ha estado en la clase, pero mi cabeza no. Yo estaba planeando tácticas de fútbol y tratando de encontrar la forma de ganar al equipo contrario." Íbamos a tener un encuentro muy importante para el campeonato; mi cuerpo estaba en clase, pero mi mente y espíritu estaban jugando al fútbol. Por lo tanto, yo no había aprendido lo que el profesor había estado enseñando y cuando el quiso ver en papel lo que yo había aprendido, no pude darle las respuestas.

Esto es lo que nos ocurre cuando no hemos estado oyendo la Palabra de Dios ni ejercitando nuestra fe. Nos enfrentamos con una situación imposible y no podemos hacer nada, ya que nuestra fe no ha crecido al nivel de poder cambiar lo imposible en posible. El doctor podría decir, "Lo siento mucho, Ud. tiene cierta enfermedad y nosotros no podemos curarla."

Si esto te ocurriera a ti, sería una acusación triste contra ti o contra tu pastor. Una de dos cosas han podido ocurrir aquí: O el pastor no estaba predicando la Palabra o tú no estabas oyéndola. Me da pena decir que el 80% del tiempo, la persona que predica o enseña, no ha estado predicando o enseñando la verdadera Palabra de Dios y así tu fe no ha podido crecer.

Me da pena el saber que hay personas que no han oído la Palabra, y yo me he dicho, "¿Cómo oirán si no hay un predicador que les predique la Palabra?" Después pienso en esto y me digo, "Bien, bendito sea Dios, ellos tienen la Palabra y el Espíritu de Dios. Ellos pueden encontrar por sí mismos si escudriñan las Escrituras." Por tanto la acusación recae en los dos: En el predicador o maestro, porque no enseña la verdad de la Palabra de Dios y en el cristiano porque no escudriña la Palabra por sí mismo. Lo importante es que la Palabra de Dios sea predicada, y cuando la fe entra en tu corazón y la dejas crecer, las situaciones imposibles se hacen posibles.

Una vez, me encontraba en el pasillo de un hospital, y un doctor salió de la sala de emergencias. El reunió a una familia y me dijo: "Venga aquí predicador. Tengo noticias tristes para esta familia."

"¡Está bien, está bien!" le dije aproximándome a él.

El doctor miró a la familia y dijo, "Lo siento mucho, hemos hecho todo lo que podíamos hacer. Ahora sólo nos queda esperar."

La familia lo miró sin parpadear. Nadie se puso histérico, no hubo gritos ni pánico.

El doctor sorprendido me llamó aparte preguntándome, "¿Cree que oyeron lo que les dije?"

"Si, doctor, ellos han oído lo que ha dicho," le contesté.

"¿Ud. cree que lo comprendieron?"

"Ciertamente," le contesté. "Pero verá, nosotros no miramos al hombre. Nuestra fe no está en lo que el hombre puede hacer. Nuestra fe está en lo que Dios puede hacer, y Dios dice que *cuando es imposible para el hombre es posible para con Dios.*"

"¡Oh, uno de esos!" el doctor dijo mientras salía. Pero hoy ese creyente está vivo porque nosotros no aceptamos que triunfara aquella situación imposible.

Toma tus vitaminas.

Muchos buenos cristianos tienen fe, pero nunca la han puesto en acción en sus vidas. Por lo tanto son prisioneros de las imposibilidades, cuando en realidad, tienen la llave para la puerta que abrirá la cerradura de la prisión de imposibilidades, y destrozará las barras de hierro, haciendo de ellas situaciones posibles, simplemente citando la Palabra de Dios.

La fe es como la vitamina C: No se puede guardar para cuando haya problemas. Tu cuerpo necesita que tomes vitamina C todos los días. Si no tomas dicha vitamina, comenzarás a sentirte débil y tu cuerpo físico no funcionará bien. Lo mismo ocurre con las cosas espirituales. Tienes que tomar la Palabra de Dios, una y otra vez, una vez después de la otra, para que tu fe sea fuerte. Tienes que ejercitar tu fe para mantenerla a un cierto nivel de posibilidad, lo mismo que ejercitas los músculos del cuerpo si quieres levantar cargas pesadas.

Tal vez hayas visto en la televisión a ese hombre grande de Rusia que puede levantar unos 290 kg por encima de su cabeza. ¿Crees que eso ocurrió de repente? ¡No! El se levanta cada mañana y va al gimnasio para practicar. Hace algunos ejercicios para calentarse un poco y para poner los músculos en forma, después toma la barra con algunos pesos y la levanta; después va agregando más peso hasta llegar a lo que él puede levantar normalmente. Después agrega un poquito más y trata de levantarlo. Ese es el modo en que agranda sus músculos. El sigue un programa estrenuo para hacer eso cada día. Si no hace eso no estará listo para la competición. Incluso cuando está en una competición, hace ejercicios antes de salir a la plataforma. Algunas veces hará esto durante horas para no desgarrar un músculo.

Cristiano, necesitas comenzar a tomar la Palabra de Dios y vivir con élla todos los días, y trabajar con élla. Lo más importante por la mañana antes de ir al trabajo es que tomes tiempo para orar y estudiar. Toma un versículo de las Escrituras para meditar en tu mente todo el día. Repítelo cada vez que te acuerdes. Si estás manejando una máquina o trabajando en una cadena de montaje, puedes meditar en la Palabra. Cuando yo estudiaba en el Instituto Bíblico trabajé en una cadena de montaje. Hacía lo mismo una y otra vez durante ocho horas. Tomaba lo que llamábamos "bloques", los calentaba en un horno similar a los microondas, los ponía en un molde, pulsaba el botón para cerrar el molde y esperaba hasta que el molde se abriera. Después los enfriaba con aire comprimido y rápidamente salían los platos de plástico. Los empaquetaba y cogía más bloques de plástico, los ponía en un molde, y así una y otra vez. Yo podía dormir de pie porque estaba haciendo el mismo trabajo una y otra vez. Mientras trabajaba desde las 12 de la noche hasta las 7 de la mañana, yo podía citar Escrituras y cumplir con la producción que requerían de mí. Simplemente comenzaba a pensar—"La fe es . . . La fe es . . . La fe es . . . Tened la clase de fe que Dios tiene . . . Tened la clase de fe que Dios tiene . . . ." Y yo decía, "Pues la fe de Dios dice algo. ¿Que es lo que dice?" Y antes de darme cuenta ya tenía apilados los platos muy *altos*, mientras continuaba meditando en la Palabra.

El jefe vino y me dijo, "¡Hombre! Sr. Hagin, estás muy avanzado en la producción." Ves, yo estaba haciendo mi trabajo pero mi mente estaba en las cosas de Dios.

Si deseas ser una persona que cuando habla algo ocurre, entonces tendrás que mantenerte lleno de fe. ¿Recuerdas, en el libro de los Hechos, cuando escogieron a los siete diáconos para trabajar en la iglesia? Dice que Esteban era un hombre lleno de fe. En la vida de Esteban ocurrieron algunas situaciones imposibles. Cuando los libertinos, los cirineos, los alejandrinos y otros lo perseguían, Esteban tenía la misma fe de Dios. El sabía que Dios estaba con él, y lleno de esa fe de Dios, Esteban predicó la Palabra de Dios desde Abraham hasta Jesús con todo denuedo. Después, al morir pidió a Dios que perdonara a aquellos que lo estaban apedreando, mostrando así el amor de Dios en él. El cambió la imposibilidad del hombre por la posibilidad de Dios. El vio los cielos abiertos y Jesús que estaba sentado a la diestra de Dios. Un joven llamado "Saulo" que guardaba las ropas de aquellos que martirizaron a Esteban, oyó el mensaje de Esteban y poco podía imaginarse de que muy pronto, la imposibilidad del hombre llegaría a ser posibilidad para Dios, transformando al perseguidor Saulo en el apóstol Pablo. El iba a conocer a Jesús en el camino de Damasco.

Felipe también fue un hombre de los siete que estaba lleno de fe. Felipe obedeció al Señor cuando le dijo que fuera al desierto de Gaza al mediodía. El corrió al desierto sin preguntar lo que el Espíritu pedía de él y pudo llevar a Cristo al eunuco etíope. Después de bautizar al nuevo cristiano, Felipe fue trasladado desde Gaza a Azoto. ¡Ese fue un viaje de 50 km! Lo que era imposible para el hombre fue posible para Dios.

La fe obra por el amor.
La fe obra por el amor.

En cierta ocasión, mientras estaba enseñando sobre este mismo tema, el Señor continuó imprimiendo en mi interior—en mi espíritu—estas palabras. Seguí oyendo estas palabras una y otra vez. Éstas son Sus Palabras y yo creo que El quiere que tu las recibas:

"Las imposibilidades se transformarán en posibilidades unicamente cuando la fe obre con amor—cuando la fe obre con amor. La fe obrará si tú amas. La fe moverá la montaña si permites que el rencor salga de tu vida. La fe obrará en tu vida en la área de la prosperidad si te desprendes del rencor y el resentimiento que hay en tu corazón. La fe obrará en tu vida, si crees realmente en mí y dejas que mi amor se muestre a Si mismo en ti. Verás una gran transformación. ¡Oh! ¡Oh! ¡Oh! Algunas de estas cosas están muy profundas en tu corazón y sólo si miras profundamente verás que aun guardas cosas en contra de algunos indivíduos; y tienes que desprenderte de ellas antes de que esta fe que has desatado con tu boca pueda obrar a tu favor, ya que estás guardando rencor. Debes recordar que la fe obra por el amor, dice el Señor."

¡Gloria a Dios! Quiero mostrarte algo más aquí, sobre cómo cambiar imposibilidades en situaciones posibles. Hace algunos años, había un dirigente de una denominación quien era un buen amigo nuestro. El dejó esta vida para recibir su recompensa en el cielo. Ya era hora de irse y él se fue sin ninguna enfermedad o dolencia. Mi padre fue para confortar a la viuda la cuál estaba muy confusa. El comenzó a hablarle de la Palabra: "El morir es ganancia; el partir y estar con Cristo es muchísimo mejor." Mi padre le dijo, "Es cierto que vas a sentir la pérdida de tu esposo, pero en realidad, cuando continúas repitiendo, '¡Oh! ¿Qué es lo que vamos hacer sin mi esposo?' estás siendo egoista. Lo que dices no está de acuerdo con la Palabra de Dios. La Palabra nos dice que cuando alguien muere en Cristo—duerme en el Señor—es una cosa buena. Es cierto que echarás de menos a tu esposo en esta vida, pero él está mejor que nosotros."

Después que mi padre terminó de hablar, ella dijo: "Bueno, gloria a Dios, lo que me dices es verdad. El hizo una buena labor aquí en la tierra y ahora Dios le ha dejado ir a su hogar. Dios no lo llamó, pero él cumplió con su deber aquí en esta vida, y se fue a su hogar. El está con el Señor. El está muchísimo mejor. ¡Gloria al Señor!"

La hermana estaba sonriendo cuando llegó un grupo de predicadores con sus esposas. Antes de saludarla ya estaban diciendo, "¡Oh! ¿Qué vamos a hacer sin él? No podemos continuar sin él."

Mi padre me dijo que se quedó allí de pie, pensando: "Bueno, ¿En quién están confiando? ¿En el dirigente que tenían, quien fue un verdadero hombre de Dios o en Dios mismo?"

La Palabra de Dios nos dice que el cuerpo se envejece de día en día, tanto si está enfermo o no. Pero envejecerá mucho más rapidamente si está enfermo. El hombre interior es renovado, pero el cuerpo no ha sido redimido todavía. Pablo nos dice en Romanos 8:22–23: "Porque sabemos que toda la creación gime a una, y a una está con dolores de parto hasta ahora; y no sólo ella, sino que también nosotros mismos, que tenemos las primicias del Espíritu, nosotros también gemimos dentro de nosotros mismos, esperando la adopción, la redención de nuestro cuerpo." Cuando Jesús regrese, el cuerpo será redimido, pero hasta entonces, el cuerpo sigue envejeciendo. Pablo dice que toda la creación gime para ser liberada y redimida. Así que, el cuerpo se va a morir.

Me acuerdo del día en que estábamos alrededor de la cama de mi abuela de 81 años de edad, la madre de mi padre, cuando élla se fue con el Señor. Al dar su último suspiro, mi padre dejó que el Espíritu de Dios se manifestara libremente en él, y nos confortó a todos. Desde su interior comenzó a citar Escrituras una después de otra. Fue como si una cinta grabada estuviera hablando.

Una vez que aprendes a dejar que el Espíritu en tu interior tome control, El se encargará de calmar la tempestad. Es cierto que va a ver una pérdida física, y la sentirás, pero si permites que la Palabra de Dios haga su labor, podrás decir, "Muerte, ¿Dónde está tu aguijón?" La muerte no tiene aguijón cuando la comprendes y sabes de lo que se trata de acuerdo con la Palabra de Dios.

¡Oh! Hay una separación durante un período de tiempo, pero gracias a Dios, no hay aguijón en la muerte. Cuando lloramos derramando lágrimas, cosa que todos hemos hecho, no estamos derramando lágrimas por el fallecido; las estamos derramando por nuestro propio egoísmo, porque no queremos perder al ser querido. Y está bien si queremos derramar algunas lágrimas, Dios no nos repudiará por éllo.

Ya que muchos no conocen la Palabra de Dios, el diablo los mantiene prisioneros de sus imposibilidades, a pesar de que todo es posible para aquel que cree. Si permitimos que la Palabra de Dios obre a través nuestro, junto con el amor de Dios, entonces podremos ministrar a las personas. Entonces podremos decirles cómo transformar las imposibilidades en posibilidades, porque hemos aprendido lo que la Palabra de Dios dice.

La Palabra de Dios dice: "Ciertamente tomó El nuestras enfermedades, y llevó nuestras dolencias, y por su llaga fuimos nosotros curados."

La Palabra dice: "Mi Dios suplirá todo lo que os falta conforme a sus riquezas en gloria . . . ."

La Palabra dice . . . la Palabra dice . . . la Palabra dice . . . Encuentra la Escritura que tiene que ver con tu necesidad particular, o con tu situación particular, y comienza a decir la Palabra. Cuando Cristo se enfrentó con la tentación, El dijo: "Escrito está". El usó la Palabra contra el diablo.

Muchos de vosotros lloráis, oráis y ayunáis cuando sois tentados por una pequeña tentación. Yo creo en la oración y en el llanto—si quieres llorar mientras oras. También creo en el ayuno, pero éste no te servirá de nada cuando estás enfrentándote cara a cara con la tentación. Lo que tienes que hacer es citar la Palabra de Dios ante la situación imposible, para transformarla en una situación posible.

La oración y el ayuno debería ser parte regular de tu tiempo devocional, pero cuando te enfrentas con la tentación deberías estar listo—lleno de lo que la Palabra de Dios dice, y vencer dicha imposibilidad con el uso de la Palabra.

Jesús nos dio el ejemplo. El ayunó y oró. De hecho, antes de que su mayor tentación sucediera, él había acabado de ayunar. Estaba listo para enfrentarse con el diablo.

Te diré lo siguiente: Cuando Dios te dice que ayunes y ores, es porque vas a enfrentarte cuando termines el ayuno con algún problema importante o ser tentado como nunca antes lo fuiste. Pero porque has ayunado, has orado, y estás lleno de la Palabra de Dios, puedes usar la misma clase de fe de Dios, y transformar la situación imposible en posible citando la Palabra de Dios.

Tu tienes la fe de posibilidad. ¡Úsala!

---

[1]Healing from Heaven; Balm of Gilead; Health and Healing; and The Great Physician: libros por la Dra. Lilian B. Yeomans, M.D. publicados por Gospel Publishing House, Springfield, Missouri.

CAPÍTULO 3

La Fe de Posibilidad: Puede Crecer

Lo imposible permanece imposible porque la fe de los creyentes sale de la cabeza y no del corazón. Recuerda lo siguiente: Siempre que empiezas a creer que Dios puede cambiar una situación imposible y nada ocurre, es porque no estás creyendo con el corazón. Estás creyendo sólo con la cabeza, porque cuando se cree con el corazón, lo imposible se hace posible.

Examina el receptor.

Si no recibes, la mejor forma de examinarte a ti mismo es examinando la parte receptora. Nunca le pasa nada a la fuente de poder. La estáción de poder nunca se cierra. El problema tiene que hallarse en la parte receptora. Si la Palabra de Dios lo dice, entonces tendrás que poner los hechos en su sitio: Acepta los hechos, y luego acepta las grandes verdades de la Palabra de Dios, y te conducirá a la victoria.

Si has estado *oyendo la Palabra de Dios con tus oídos espirituales* al estudiar conmigo, ahora ya sabes que tienes la fe de posibilidad—la misma clase de fe que Dios tiene. Puede que quieras repasar los versículos siguientes: Romanos 12:3; Efesios 2:8; Romanos 10:17; y 2 Corintios 4:13.

Es muy importante que sepas que la medida de fe que Dios ha dado a cada creyente puede ser aumentada. Como ya he dicho antes, *no hay diferentes clases de fe.* Sólo *hay una fe,* pero dicha fe puede ser pequeña o grande, débil o fuerte.

Puedes aumentar tu medida de fe haciendo tres cosas:

1. *Alimentándote de la Palabra de Dios.* "Así que la fe es por el oír, y el oír, por la Palabra de Dios" (Romanos 10:17).

33

2. *Ejercitando tu fe.* En el capítulo segundo de este libro, hablamos del hombre que ejercitaba sus músculos. Empezó despacio y fortaleció sus músculos. Para edificar tu fe tambien empiezas despacio.

3. *Poniendo tu fe en práctica todos los días.* Cree en Dios por algo cada día de tu vida, aunque sea algo pequeño. La mayoría de las personas no usan su fe todos los días. Muchas veces yo les digo a creyentes, "Cree en Dios por algo aun cuando no tienes por qué hacerlo." Esto te ayudará a mantener tu fe fuerte.

Algunas veces, en lugar de comprarme algo con el dinero de mi paga, uso mi fe para obtenerlo. Esto mantiene mi fe viva y fuerte. La mantiene edificada de tal manera que cuando me enfrento con alguna labor imposible, estoy en forma, y listo para conquistar lo imposible con la fe de posibilidad.

En este capítulo vamos a estudiar detalladamente lo que es la fe verdadera, la fe de la Biblia, la fe de las Escrituras, la fe de posibilidad, o la clase de fe que Dios tiene. La fe que transforma las situaciones imposibles en posibles no viene de la cabeza sino del corazón. Leamos otra vez Marcos 11:23: "Porque de cierto os digo que cualquiera que dijere a este monte, quítate y échate en el mar, y no dudare en su corazón . . . ." Y no dudare en su corazón. Y no dudare en su corazón.

"¡Oh!" alguien dijo, "¡Ahora comienzo a comprender! Esta es la misma forma en que somos salvos. Romanos 10:10 dice, 'Porque con el corazón se cree . . . .'" ¡Con el corazón se cree! Volverán a leer los versículos anteriores y dirán, "¡La Palabra de Dios está loca! ¿Cómo puede creer una persona con el corazón? ¡El corazón es un músculo!"

No puedes. No puedes creer con el corazón físico de la misma manera que no puedes creer con tus oídos, tu nariz, tus ojos, tus manos, tus pies, o cualquier otra parte de tu cuerpo. Pablo está hablando del hombre real, del interior de la persona. Si miramos en la Palabra de Dios, encontraremos un par de definiciones de lo que Dios llama el espíritu del hombre. En 1 Pedro 3:4, el llama el espíritu del hombre "el interno, el del corazón", y en 2 Corintios 4:16 lo llama el hombre "interior". Por lo tanto, la definición de Dios del espíritu del hombre (a través de todo el Nuevo Testamento) es el "interno, el del corazón", el "interior del hombre". En otros lugares lo llama "el corazón".

El hombre tiene contacto con tres áreas de vida. El tiene contacto con la parte física, la mental (la mente, la voluntad y las emociones) y la espiritual. No necesitas buscarlo en la Biblia para enterarte de esto. La psicología enseña lo mismo. Luego, si Dios es espíritu como la Palabra de Dios nos enseña, y si nosotros somos creados a la imagen y semejanza de Dios como la Palabra nos enseña, somos un espíritu, tenemos un alma y vivimos en un cuerpo físico. Si empezaras a pensar de ti mismo en esa forma, ayudarías a tu propia fe. Te ayudará a comprender al hombre y te ayudará a comprender a Dios. Te ayudará a comprender muchas leyes espirituales porque te sacará, fuera del reino físico y te pondrá en el reino espiritual. Y es en dicho reino en el que debes estar si quieres comprender las leyes de Dios y la Palabra de Dios. No puedes comprenderlo con la cabeza, tienes que comprenderlo con el corazón. Proverbios 3:5 dice: "Fíate de Jehová de todo tu corazón, y no te apoyes en tu propia prudencia." Acabamos de leer una vez más la palabra "corazón". Quisiera parafrasear el versículo anterior de la siguiente manera: "Fíate de Jehová de todo tu espíritu y fuerza, y no te apoyes en tu propia mente." Este cambio no ha dañado la Palabra de Dios. Simplemente la ha traído a un lenguage más fácil de comprender.

Tu prudencia viene de los sentidos físicos y mentales. La fe no debe basarse en nada físico. Esta fe que mueve lo imposible tiene que estar basada en la Palabra de Dios. Lo que importa no es lo que sientes, sino lo que la Palabra de Dios dice. La fe de posibilidad no se basa en lo que se siente, se basa en la Palabra de Dios. Si tu fe está basada en lo que sientes o proviene de tu cabeza, serás vencido. Tu situación imposible permanecerá imposible. Puedes confesar lo que deseas hasta que tu cara se ponga morada, y aquella montaña de imposibilidad financiera, permanecerá firme, porque está procediendo de tu fe natural y no de tu fe espiritual.

Ya hemos hablado de la fe natural, pero deseo probar que tienes fe natural. ¿Examinaste el estado de la silla en la que te sentaste a leer este libro? ¿La examinaste para asegurarte de que no se caería al sentarte? ¿La examinaste para asegurarte de que está construida con materiales fuertes? ¡No! Tenías fe en que la silla te sostendría y simplemente te sentaste. ¿No fue así?

Ésa es la fe natural. Si te subes en tu automóvil para conducir a algún sitio, no abres el capote para asegurarte de que el motor está allí, ni miras si las bujías y cables están en su sitio. No mides la gasolina que hay en el tanque. ¡No! Te subes en el automóvil, introduces la llave, enciendes el motor con el arranque y el pedal de la gasolina. Tu fe natural y humana es la que causa que creas que tu coche te va llevar al sitio que deseas ir, y te lleva. Por lo contrario, si usas esa fe natural o humana en situaciones espirituales que son imposibles, verás que no obrará resultado. La fe natural y humana no es para usarla en el dominio espiritual, porque pertenece al dominio del cuerpo físico y es ahí donde obra.

Necesitas reconocer tus dos clases de fe.

La fe que obra en el reino espiritual es la fe que Dios tiene. Es la que transforma las situaciones imposibles en posibles porque es la fe del espíritu y es ahí donde debe obrar. Cuando reconoces tus dos clases de fe, entonces puedes cumplir la labor que necesites. Muchos creyentes tienen confundidas estas dos clases de fe. Una vez están en el espíritu y otra vez están en el reino físico o mental. Hacen una declaración en el ámbito natural y nada les ocurre porque van de un lado al otro. Están vacilando de la fe natural a la fe de posibilidad.

No podrán obtener resultados hasta que no se mantengan firmes en la Palabra y hagan confesiones contínuas con esta fe de posibilidad. Entonces y sólo entonces obtendrán resultados. Entonces y sólo entonces caminarán y vivirán la vida victoriosa sin derrotas.

Si mezclas la fe espiritual con la fe natural, experimentarás grande gozo, felicidad y victoria; pero despues de esto caerás desde la cumbre del gozo al valle de la desesperación. Arriba y abajo, arriba y abajo; subirás a la cumbre y luego bajarás al valle.

No tienes por qué vivir de esa forma. Hay un lugar que puedes alcanzar usando la fe de posibilidad que Dios te ha dado, con élla puedes vivir en estabilidad. Venga lo que venga, pase lo que pase: Deja que el viento sople, que las circunstancias vengan, que el diablo ruja; tu podrás andar por encima de toda situación que se ponga delante de tu camino. No porque seas una criatura superhumana, sino porque la Palabra de Dios así lo dice, "Al que cree todo es posible." Las imposibilidades del hombre se hacen posibilidades para Dios por medio de está fe. Esa es la clase de fe de Dios, la fe de posibilidad.

Contraste entre un hombre que tenía poca fe y uno que usó la fe de posibilidad sin considerar las circunstancias.

En la Palabra de Dios encontramos un ejemplo de poca fe: "Le dijeron, pues, los otros discípulos: Al Señor hemos visto. El (Tomás) les dijo: Si no viere en sus manos la señal de los clavos, y metiere mi dedo en el lugar de los clavos, y metiere mi mano en su costado, no creeré. Ocho días después, estaban otra vez sus discípulos dentro, y con ellos Tomás. Llegó Jesús, estando las puertas cerradas, y se puso en medio y les dijo: Paz a vosotros. Luego dijo a Tomás: Pon aquí tu dedo, y mira mis manos (o pon tu dedo en el lugar de los clavos); y acerca tu mano, y métela en mi costado; y no seas incrédulo, sino creyente. Entonces Tomás respondió y le dijo: ¡Señor mío, y Dios mio! Jesús le dijo: Porque me has visto, Tomás, creíste; bienaventurados los que no vieron, y creyeron" (Juan 20:25–29).

En Romanos 4:17–21 leemos acerca de un hombre que tenía mucha fe. "(Como está escrito: Te he puesto por padre de muchas gentes) delante de Dios, a quien creyó, el cual da vida a los muertos, y llama las cosas que no son, como si fuesen. El creyó en esperanza contra esperanza, para llegar a ser padre de muchas gentes, conforme a lo que se le había dicho: Así será tu descendencia. Y no se debilitó en la fe al considerar su cuerpo, que estaba ya como muerto (siendo de casi cien años), o la esterilidad de la matriz de Sara. Tampoco dudó, por incredulidad, de la promesa de Dios, sino que se fortaleció en fe, dando gloria a Dios, plenamente convencido de que era también poderoso para hacer todo lo que había prometido." La fe (fuerte) de Abraham (del corazón) le mantuvo sin mirar a las circunstancias que le rodeaban (su edad y la de Sara) y sin caer en la incredulidad. El sabía que Dios era poderoso y cumpliría con Su Palabra (El haría lo que había dicho que haría).

Lee otra vez el versículo 21, "Plenamente convencido de que (Dios) era también poderoso para hacer todo lo que había prometido." Si estás *plenamente convencido* de que lo que Jesús dice en la Palabra de Dios es la verdad, y que lo que nos escribieron los apóstoles en la Palabra de Dios sobre el creer en Dios es verdad, entonces no andarás tambaleándote diciendo: "¡Oh! ¿Que es lo que va a pasar ahora?". Sabrás lo que va a pasar porque la Palabra de Dios nos ha prometido que si puedes creer, todas las cosas son posibles al que cree.

Jesús dijo, "Tomás, crees porque me ves; bienaventurados los que creen sin haberme visto" (parafraseado por el escritor). ¿Ves la diferencia entre la fe de Tomás y la de Abraham? Tomás tenía que ver primero, pero Abraham ejercitó la fe del corazón creyendo lo que Dios le había dicho. Abraham aun no tenía ningún hijo, pero su nombre fue cambiado de Abram a Abraham, que significa *padre de una multitud de naciones*. Hebreos 11:1 dice, "Es, pues, la fe . . . ." Estas palabras están en tiempo presente, de otra forma no sería fe. Cuando hablamos en presente queremos decir *ahora y la fe es ahora*. En Romanos 4:17 leemos que Abraham creyó en Dios no conforme a lo que él podía sentir, sino conforme a lo que se le había dicho. El tenía la fe de posibilidad (del corazón). La fe de posibilidad no mira la situación imposible—mira lo posible. Llama las cosas que no son, como si lo fuesen.

Algunas personas dirán, "Bueno, el sentido común te lo dirá, simplemente mira las circunstancias. Ellas te dirán esto y aquello." La Biblia no dice en ningún sitio que hemos de andar según el sentido común. Pero dice que andamos por la fe. La fe de posibilidad traerá resultados. Si Abraham hubiera seguido el sentido común, él nunca habría sido el padre de muchas gentes.

El sentido común te dirá que un hombre de cien años y una mujer de noventa nunca *serán llamados "Papá y Mamá" a no ser que ya hayan tenido hijos.* Pero Abraham no miró al sentido común. El dijo, "Lo creo tal y como me fue dicho." Dios había llamado las cosas que no eran como si lo fuesen cuando le dijo a Abraham que sería el padre de muchas gentes. El llamó las cosas que parecían imposibles como si fueran posibles. Abraham vio la promesa con su fe de posibilidad y tomó la Palabra de Dios diciendo, "¡Bien! Creo conforme a lo que se me ha dicho. Yo seré el padre de una multitud de naciones." Nosotros somos los descendientes espirituales de Abraham. Puedes leer sobre esto en el capítulo tres de Gálatas.

Si te guías por lo que ves y sientes, perderás eficacia y habilidad. Usa la fe de tu corazón—la fe de posibilidad—y habla la Palabra, entonces las imposibilidades del hombre se transformarán en posibilidades para Dios, porque mientras más ejercitas tu fe, más crecerá.

El día que aprendí a usar mi fe de posibilidad para veneer una situación imposible.

Nací en una familia que sabía cómo creer en Dios. Hemos creído en Dios durante toda nuestra vida. Sabíamos lo que era el usar esta *fe de posibilidad* cuando éramos niños. Sabíamos lo que era sentarnos con papá y mamá, y contemplar a un hombre que sabía cómo creer en Dios. Debíamos grandes sumas de dinero en dólares, y mi padre se iba a la cama y dormía como un niñito sin preocuparse del dinero. Mi padre decía, "Está bien, familia. Estamos creyendo en Dios por tanto dinero." Orábamos y creíamos en Dios por aquella situación particular solamente una vez durante nuestra oración como familia. ¡Eso era todo!

Después de haber orado, si alguien mencionaba algo al respecto, nosotros decíamos, "Gracias a Dios, la necesidad está suplida." En realidad, rara era la vez que se volvía a mencionar en oración o en el pensamiento, porque según lo que creíamos, era como si Dios ya hubiera suplido. Ellos lo habían dicho y así era.

Entonces sucedió lo siguiente.

Nunca había estado enfermo ni un solo día de mi vida. Hasta aquel momento, si algo nos ocurría a mi hermana o a mí, llamábamos a mi padre para que orara por nosotros. Lo curioso de esto era que toda nuestra familia hacía lo mismo. Todos sus hermanos, hermanas, primos, tíos—toda la familia. Cuando tenían problemas llamaban a Kenneth. Mi padre oraba por ellos y se sanaban. Cuando yo me hice mayor, si llamaban a mi padre y él no estaba en casa, yo era quien tenía que ir a orar por ellos.

En aquel tiempo vivíamos en Port Arthur, Texas. Yo tenía 15 años de edad y estaba en el grado noveno en la escuela Woodrow Wilson Junior High School. Port Arthur es un pueblo de la costa que está bajo el nivel del mar. Yo he visto tanta humedad allí que al ir a la cama al llegar la noche, las sábanas estaban mojadas como si alguien hubiera rociado agua sobre la cama. De repente una noche mi oído izquierdo comenzó a dolerme de tal manera que casi no podía soportar el dolor. Era como si alguien estuviera trabajando dentro de mi oído con una sierra circular, una sierra de cadena o con un cuchillo de carnicero. Mi padre estaba en California (él hacía recorridos predicando de seis a nueve semanas). Por la mañana, cogí el teléfono y llamé a mi padre diciéndole, "¡Papá! Me duele el oído. Ora por mí. Hay algo grave en mi oído. No es un simple dolor de oído. Hay algo que no funciona bien."

Mi padre oró por mi oído y por primera vez en mi vida nada ocurrió. Fui a mi pastor para que orara por mí y nada ocurrió. Después me enteré de que mi padre iba a regresar a casa. "¡Gloria a Dios! Mi papá está al llegar." Me levanté aquella mañana después de haber pasado una noche sin dormir.

Mi padre regresó a casa, impuso las manos sobre mí y oró.

Alguien dijo, ¡Y te sanaste! ¡No! No me sané. De hecho, ojalá que no hubiera orado por mí. Me sentí peor después de la oración. Mi padre se fue a predicar a algún lugar de la costa del este de los Estados Unidos. ¡Mi oído *no se había mejorado!* Y por primera vez en mi vida fui al doctor (por algo más que un mero examen físico requerido por la escuela para poder participar en los deportes).

El doctor me dijo, "Muchacho, tienes una excrecencia en el oído. Esta enfermedad proviene de las islas del Mar del Sur y debido a que la has irritado frotándote, ahora tienes llagas vivas en el canal del oído. Ahora bien, *posiblemente* podremos detener el crecimiento de esa excrecencia y sanar las llagas; Pero esa excrecencia que crece en el oído nunca sanará. Es incurable. Crece en los climas húmedos y si no se toma ningún remedio médico invade todo el oído. Han existido casos extremos en los que tal excrecencia ha destruído todo el canal del oído y hasta el cráneo, porque no se tuvo cuidado." El me repitió una vez más, "No podemos curarla, pero podemos controlarla, y mientras continúes viviendo en esta región, necesitarás venir a limpiarte el oído todas las semanas." El médico cogió un instrumento pequeño y lo metió en mi oído. Cuando le dio la vuelta, salieron pequeñas hojas, con las cuáles extraía la suciedad de mi oído. Después tomó un algodón largo, lo mojó en una substancia aceitosa de color verdoso y lo introdujo en mi oído. Me dio un pequeño frasco de aquella medicina y dijo, "El algodón debe estar siempre mojado con la medicina. No puedes nadar más, ni meter la cabeza debajo del agua. Cuando te laves las orejas debes cuidar que no entre humedad en ese oído." Después continuó diciendo, "Si te mudas a un lugar que esté en el desierto, posiblemente podrás pasar sin limpiarte el oído de mes a mes y medio. Pero tendras que limpiártelo durante el resto de tu vida."

Cogí la medicina y me fui a casa. Esta era la primera vez que había medicina en mi casa. La medicina no es mala y puedes tomarla si la necesitas. Gloria a Dios, tómala hasta que tengas suficiente fe edificada en ti para no tomarla más. Yo no estoy en contra de la medicina, ni de los doctores. Si estás enfermo y no puedes sanarte porque no tienes suficiente fe, yo mismo te llevaría al hospital para que vivieras hasta que pudieras tener suficiente fe en ti para creer en Dios.

Los doctores están luchando contra el diablo al igual que yo; ellos usan medios naturales y yo uso medios divinos. Estamos luchando contra las mismas enfermedades. Muchos buenos doctores han mantenido a mucha gente viva hasta que recibieron suficiente Palabra en éllos para creer y recibir sanidad. Que no se diga nunca que la familia Hagin está en contra de los médicos. En realidad, esta línea de la familia Hagin no existiría si los doctores no hubieran cuidado de uno de éllos hasta que este tuvo suficiente fe para saltar de la cama. Le dijeron que iba a morir, pero los doctores hicieron todo lo que pudieron mientras estaba en tal condición. Hicieron todo lo que pudieron y luego él salió de aquella situacion sanado porque la Palabra de Dios así lo dice.

Fue durante la Navidad, cuando el gran profeta de fe regresó a casa. Yo le pregunté si podía conducirme al doctor para que me limpiara el oído. Había estado yendo unas dos veces por semana y debido a que era incurable, el doctor no me cobraba nada. Iba a su oficina después de que el doctor había asistido a su último paciente, antes de la hora de la comida. No tomaba mucho tiempo. Yo me bajaba del automóvil, corría a la oficina del doctor y mientras mi padre conducía alrededor de la manzana, ya estaba listo para subirme al auto y marcharnos. Dicho día, yo estaba inclinado contra la puerta del automóvil, mis ojos quedando casi al nivel de la ventanilla, y mi padre me preguntó, "¿Hijo mío, quieres ser sanado?"

¡Que pregunta! Ya le había pedido que orara por mí dos veces; el pastor también había orado, y ahora me había llevado al doctor, ¡y me estaba preguntando si quería ser sano!

"Claro," le contesté.

El me dijo, "Puedo decirte cómo."

Los dos estabamos regresando a casa y yo estaba esperando, esperando y esperando. Finalmente dije, "¿Cómo?"

El contestó, "Pensé que nunca me lo ibas a preguntar, y no quería malgastar mis palabras. Si no querías saber, yo no te iba a enseñar."

Así es cómo es mi padre. El me dijo estas palabras: "Estaba orando por esta situación y el Señor me mostró que tú sabes acerca de la fe tanto como otros. Tú has vivido en constante contacto con la fe toda tu vida. Has estado sobre la plataforma desde que tenías dos años. Me has oído predicar y has visto el poder de Dios. Tú sabes esto. El Señor incluso me ha dicho que has predicado algunos de mis sermones."

Le dije, "¡Oh sí! Hace unos días íbamos a tener una reunión de jóvenes muy buena y el predicador no se presentó. Todos estaban nerviosos preguntándose qué es lo que iban a hacer. Yo les dije, 'vosotros dirigid la reunión con los cánticos y la música especial y si el predicador no ha llegado al terminar, yo me encargo del resto. No os preocupéis.'"

Subí a la plataforma y prediqué uno de los sermones de mi padre titulado, *"Cómo obtener tu propio pasaje con Dios."* Si has oído a mi padre predicar en cinta o lo has leído en material impreso, sabes que dicho sermón consta de cuatro simples reglas: *Dilo. Hazlo. Créelo y Recíbelo.*

Yo le dije, "Es cierto, yo he estado predicando."

Él dijo, "El Señor me lo dijo." El continuó hablando, "Ahora, si quieres ser sano tienes que ejercitar tu fe y recibir por medio de la fe de tu corazón."

Había llegado el momento de ejercitar mi propia fe.

Me estaba enfrentando con una situación imposible. Todos habían orado por mí y yo no había recibido. Había llegado el momento en el cual iba a tener que cambiar la situación imposible en posible usando mi propia fe de posibilidad. Verás, al empezar en este camino de fe, cada vez que ores, o que alguien ore por ti, verás resultados. Pero llega el momento en que Dios espera que crezcamos, y usemos nuestra propia fe de posibilidad para obtener lo que deseamos de El. Les había dicho a los jóvenes cómo obtener de Dios lo que deseaban, simplemente usando las cuatro normas dichas, sin embargo yo aun estaba esperando que alguien me ayudara. Esto tuvo un gran impacto en mí.

Hay muchos creyentes que siguen el mensaje de fe hoy día. Han oído sobre la fe, predicada y enseñada, predicada y enseñada; pero a pesar de ésto no reciben de Dios.

Si no estás recibiendo de Dios, es porque no estás poniendo en acción la fe que sabes y la fe que tienes en tu corazón. No estás creyendo por ti mismo. Deseas que otra persona crea por ti. No es porque no sea la voluntad de Dios sanarte.

Yo no puedo comprender a algunas personas cuando dicen, "Pues, tal vez no sea la voluntad de Dios que yo me sane." Sin embargo, van a todos los doctores del país tratando de sanarse. Si no es la voluntad de Dios que estén sanos, ¿Por qué tratan de sanarse? A mí se me enseñó que debemos estar en la voluntad de Dios.

Yo sabía qué hacer. Yo sabía que tenía la fe del corazón. Lo había oído predicar toda mi vida, pero nunca había ejercitado mi propia fe. Comprendes—tenía fe, pero nunca la había ejercitado. Al llegar a casa mi papá me preguntó, "¿Quieres orar?"

"Ciertamente," le dije, y nos arrodillamos en la sala de estar. Yo esperé, y esperé, y esperé. Mi padre no decía ni palabra. Finalmente le pregunté, "¿Vas a orar?"

El contestó, "¡No! Yo no necesito nada. Estoy aquí sólo para servir de *cuña.*"

El estaba usando una expresión familiar que se usa por aquí cuando se levanta el automóvil con el gato, y se dice, "¡Oye! dame un pedazo de ladrillo o de madera y *acuña* el auto para que no ruede."

Lo que quería decirme era que cuando yo dijera "Amén", él iba a respaldarme con su fe para que la mía no se moviera. Oré una oración simple basada en Marcos 11:23 diciendo con mi boca lo que creía con el corazón. Yo estaba ejercitando la fe de posibilidad. Inmediatamente me levanté y fui al cuarto de baño, me saqué el algodón que tenía en el oído y allá se fue cañeria abajo.

Dirás, "¡Oh el oído estaba sano!"

¡No! no estaba sano. Cuando aquel aire frío y húmedo entró en mi oído fue como si me hubieran introducido una navaja y la estuvieran retorciendo. Yo estaba llamando las cosas que no eran como si lo fuesen. Cogí la medicina y la tiré. Me cambié de ropa y me fui a un terreno que había vacío donde jugaba mi equipo de la vecindad contra otro equipo del sur del pueblo. Jugábamos al fútbol americano sin usar ropa con almohadilla.

Yo me acerqué andando como los pavos y diciendo, "¡Aqui me tenéis!"

Ellos me preguntaron, "¡Como es posible, creíamos que ya no podías jugar más a la pelota, Hagin!"

"Pues, aquí estoy. Me encuentro bien," les dije.

"Por tu apariencia no pareces estar sano."

"Estoy bien, gracias. ¿Queréis que juegue o no?"

"Oh, sí. Ponte en tu puesto de defensa de derecha."

Les dije, "De acuerdo, gracias. Juntemos a los muchachos y juguemos." Ya habían comenzado el juego. Uno de la defensa me dijo, "Mira, el otro equipo tiene una defensa de los extremos débil, y su defensa delantera es muy lenta. Nuestra delantera puede avanzar por el otro lado y vencer a su defensa, entonces tu podrás tener el campo libre por el lado."

Le dije, "Está bien, juguemos." Salimos atacando. El que sacó me dio la pelota y 1a defensa me atacó. Le di un pase y la defensa delantera que había tratado de atacar fue imposibilitada al igual que la defensa de la portería; en ese momenta el campo estaba libre para que yo corriera con la pelota hacia la portería. Pero, pude notar que alguien corría hacia mí para detenerme y en ese momento traté de tomar más aliento y fuerzas de reservas para correr, pero no me quedaba más energía en el cuerpo. No había estado haciendo ejercicio.

Así ocurre con la fe cuando se necesita un poquito más; tratas de tomar lo que no tienes y no lo consigues porque no te has ejercitado. No has estado manteniendo tu fe.

Pues, eso es lo que me ocurrió a mí. Traté de conseguir un poquito más de velocidad y no la conseguí porque llevaba unos dos meses sin jugar, y el defensa me alcanzó. Se agarró a mi cabeza poniendo su brazo alrededor de mi cuello y poniendo mi oído derecho contra su cadera. El comenzó a apretar mientras yo trataba de desprenderme de él para poder correr. Finalmente me tiré al suelo para que él dejara libre mi cabeza. El no me tiró al suelo, lo hice yo. El oído me dolía. Pero yo dije, "Estoy sanado. Gracias a Dios, estoy bien. Estoy sanado."

Ahora, quiero que te des cuenta que yo estaba teniendo que ejercitar mi fe de posibilidad. Yo no la había estado ejercitando. Sabía cómo obraba pero no la había puesto en acción.

Cuando te encuentras en una situación semejante, el diablo averiguará si crees en verdad en lo que dices que crees o no. El diablo *no se va a dar por vencido facilmente*. El se quedará allí meneando su cuello, gruñendo y rugiendo. El te dará toda clase de amenazas, porque va a averiguar si verdaderamente crees en lo que la Palabra de Dios dice—que lo que es imposible para los hombres es posible para Dios, y que todo es posible para aquel que cree.

Yo continué citando la Palabra.

Durante dos semanas, cada vez que hacía algo yo decía, "Estoy sanado por el poder de Dios." Estaba ejercitando la fe de posibilidad de mi corazón y no de mi cabeza. Si la hubiera ejercitado con mi cabeza, habría hecho lo que mi cabeza deseaba: Ir al doctor y adquirir más medicina, y por lo menos, el dolor se me habría aliviado. Por lo menos, cuando el viento entrara en el oído no me dolería. Pero yo continué confesando. Después de las vacaciones de Navidad, regresé a la escuela, y nos tocó el turno de usar la piscina olímpica de la clase de

Educación Física a los muchachos. Aquí estaba la oportunidad de usar mi *fe de posibilidad* con la prueba final. El médico me había dicho que nunca metiera la cabeza debajo del agua. Me tiré al agua y me sumergí hasta que toqué con mi nariz una de esas líneas negras que tienen las piscinas en el fondo, y nadé al otro extremo de la piscina. Cada vez que sacaba mi cabeza del agua para respirar, mi sentido común me decía, "No debieras estar haciendo esto muchacho."

Pero en el interior mi corazón estaba diciendo, "Gracias Dios mío, estoy bien. ¡Estoy sanado! No tengo dolor. ¡No tengo problemas en el oído, por lo tanto puedo nadar!"

Mi cabeza me estaba gritando, "¿Por qué haces esto, estúpido? ¿No sabes que tu oído te está doliendo? Esta es la primera vez que te lo has mojado. Ahora estás debajo del agua te está entrando en el oído. ¡Eres un tonto, muchacho!"

En el interior mi corazón continuó diciendo, "Gracias Dios mío. La Palabra dice que estoy sanado. Estoy sanado por las llagas de Jesucristo. La Palabra dice, 'Al que cree, todo es posible.' La Palabra dice, 'Lo que es imposible para los hombres, es posible para Dios.' La Biblia dice, 'Si tengo la fe de posibilidad que mueve montañas, puedo ser sano de está enfermedad.'"

Continué diciendo, "La Palabra dice que estoy sanado", hasta llegar al otro extremo. "Pondré mi nariz contra la pared de la piscina al llegar al final." Cuando llegué al final, di una vuelta en el agua y me impulsé apoyando los pies contra la pared de la piscina. Cuando mi cabeza salió del agua algo se disparó en mi cabeza, y dije, "Gracias a Dios. Estoy sanado."

En aquellos momentos, todos los muchachos se habían metido en el agua y me preguntaron, "¿Qué estabas diciendo?"

"Gracias a Dios estoy sanado", les contesté. Ellos me miraron como si estuviera loco. No me importó. Acababa de ganar una victoria y deseo decirte lo siguiente: Desde aquel día hasta el de hoy, el enemigo no ha podido poner en mí enfermedades ni dolencias. Y nunca podrá, porque yo he aprendido a cambiar las situaciones imposibles en posibles con la Palabra de Dios.

La Palabra dice, "Todas las cosas son posibles al que cree."

La Palabra dice, "Lo que es imposible para los hombres, es posible para Dios."

La Palabra dice, "Nada te será imposible, y puedes obtener lo que Dios dice con esta fe de posibilidad." No obtienes lo que deseas posponiéndolo para el futuro. La Palabra dice que "La fe es." Esto quiere decir, ahora. La fe de posibilidad es ahora.

Una vez un individuo le dijo a mi padre, "Pues, yo no voy a creer en algo que no he visto y palpado."

Mi padre le preguntó, "¿Tu tienes un cerebro? ¿Lo has visto alguna vez? ¿Lo has palpado con tus manos?"

El dijo, "¡Oh! eso es diferente."

"¡No! No es diferente", mi padre le dijo. "La Palabra de Dios obra resultado con tanta seguridad como que tu tienes un cerebro en la cabeza."

Si miras en el capítulo 11 de Hebreos, encontrarás la foto de Abraham en la galería de los héroes de fe, pero la foto de Tomás no la encontrarás allí. No estoy deshonrando a Tomás, porque según nos cuenta la historia de la iglesia, él hizo una obra maravillosa para Dios. Pero estoy mostrándote que en este caso particular, la fe de Tomás provenía de su cabeza. El estaba obrando con la fe de imposibilidad. El dijo, "Yo no creeré hasta que no lo toque, lo palpe y lo vea." Abraham estaba obrando con su fe de posibilidad. El dijo, "Llamo a lo que no es como si fuese, porque Dios también lo hizo, y creo conforme a lo que se ha dicho. Soy el padre de una multitud de gentes."

Alguien pudo preguntar, "¿Dónde están tus hijos, Abraham?"

El viejo Abraham hubiera contestado, "Creo conforme a lo que se me ha dicho."

"¿Pero dónde están tus niños, Abraham?"

"Creo conforme a lo que se me ha dicho, así será. Tengo completa seguridad que Aquel que prometió, cumplirá lo que dijo."

"¿Dónde están tus niños, Abraham?"

"Oh, están por todas partes, ¡Miralos!"

Cuando te enfrentas con los problemas de la vida y las circunstancias te rodean gritando, ¿Dónde está tu respuesta?

Puedes contestarles gritándoles con la Palabra de Dios, "Yo no me muevo por lo que veo o siento. Me muevo solamente por lo que la Palabra de Dios dice. Y la Palabra dice, 'por Su llaga fui sanado.' La Palabra de Dios dice, 'El suple todo lo que me falta conforme a Sus riquezas en gloria.'"

La fe de posibilidad cita la Palabra y camina victoriosamente en la vida, cantando: *Las Promesas de Jesús son apoyo poderoso de mi fe, mientras luche aquí buscando Su luz, siempre en Sus promesas confiaré.* Y seré vencedor.

Qué hacer si tienes una situación imposible.

Si tienes una situación imposible en tu vida que quieres cambiar, busca en la Palabra de Dios un versículo que hable sobre tu necesidad, que cubra el caso. Ora así: "Padre, la Palabra de Dios dice que lo que es imposible para los hombres es posible para Dios. La Palabra dice que todo es posible al que cree. La Biblia dice que todo lo puedo. Ahora Padre, te doy gracias que esta situación imposible se ha transformado en una posibilidad. La montaña de imposibilidad ha sido movida y la necesidad está suplida. Ahora, de acuerdo con la Palabra de Dios . . . . (cítale el versículo de las Escrituras que cubre tu necesidad y dale las gracias). La fe da gracias ahora. La fe actúa ahora. ¡Ahora mismo es cuando está ocurriendo! Ahora es el momento de animarse. La fe se anima ahora. Después que ya haya pasado cualquiera se puede animar. Gloria a Dios. La fe actúa ahora.

Yo conozco a un hombre que un lunes por la noche oró para que su esposa fuera salva. Transcurrió una semana y después otra, pero el domingo de la tercera semana, su esposa fue al altar para recibir la salvación. En la iglesia, todos menos él, estaban saltando de gozo, glorificando y alabando a Dios; el esposo continuó sentado sin emociones cuando un hermano le preguntó, "¿Que es lo que te pasa? La que está allí es tu esposa. Ella está recibiendo la salvación."

El contestó, "Pues, ¿No me viste el lunes de la primera semana? Yo estaba saltando, gritando y gozándome mucho. Para mí ese fue el día en que ella fue salva—cuando puse mi fe para su salvación."

El milagro ocurre en el reino espiritual en el momento en que ordenas que exista y se manifiesta después en el mundo natural. Entonces, esa experiencia es del pasado y te encuentras listo para otra. ¡Gloria a Dios!

Continúa diciendo, "Gracias a Dios, esa situación imposible es posible con la Palabra." Continúa citando la Palabra. Continúa citando la Palabra. Continúa citando la Palabra y permite que tu fe de posibilidad pueda crecer a un nivel más alto.

CAPÍTULO 4

La Fe de Posibilidad: ¿Cuándo Obrará Resultado a Favor de Otros?

Los cristianos necesitan ocupar el lugar que les corresponde en la Palabra de Dios, entonces se darán cuenta que no necesitan morar en la casa de lo imposible. Ha sido construida una puerta de escape, y dicha puerta es la fe de posibilidad de la Palabra de Dios.

La fe de posibilidad siempre obrará para ti, pero no obrará siempre a favor de otros. Unas veces sí, otras veces no. Esto causará que me preguntes, "Pues, si obra para mí ¿Por qué no puedo hacer que mi fe obre siempre a favor de los demás?"

Bien, este es el tema que vamos a seguir en este último capítulo. Si haces un estudio sobre ello, encontrarás que puedes recibir a través de la fe en la Palabra de Dios, sanidad, prosperidad y todas tus necesidades, además de "todo lo que pidieres (desees)". Quiero señalar aquí que tus deseos tal vez no sean los mismos que los de tu abuelo. Puede que tu desees algo para el abuelo que él no desea recibir. La Biblia no dice, "Te será dado lo que tu hermana o tu padre deseen." La Biblia dice, "Todo lo que (tu) pidieres . . . ." Es algo personal. No importa cúan fuerte sea tu fe, no puedes imponer tus deseos sobre tu familia o tus amigos, si ellos no lo desean. No puedes imponer la salvación sobre las almas cuando éllas no quieren ser salvas. Puedes orar e interceder o rogar misericordia a su favor, pero no serán salvos hasta que se decidan a aceptar la salvación y acepten lo que la Palabra de Dios nos dice que hagamos en Romanos 10:9–10.

Dios tampoco puede hacer que nadie se salve en contra de la propia voluntad de la persona. Si lo pudiera hacer, no sería necesario que nosotros nos quedásemos aquí más tiempo. El podria hacer que toda la humanidad se salvase y llevarnos a todos al cielo. La Palabra de Dios nos dice que cada uno de nosotros hemos sido hechos personas moralmente libres. Somos espíritus libres, que podemos escoger servir o no servir a Dios. También podemos escoger si queremos o no queremos andar en la vida de fe.

Puedes ser salvo, lleno del Espíritu Santo e ir al cielo, y aun nunca andar en una vida de fe. Algunas personas creen que si uno no anda con una fe grande, no irá al cielo. Claro que eso no es verdad. Uno puede ser salvo en el momenta que tenga suficiente fe para elevar los ojos al cielo hacia Dios, y citar Romanos 10:9-10, sea que haya creído en Dios por un centavo, o cualquier otra cosa durante su vida, o no. Uno puede ir al cielo simplemente por el creer en la salvación, ya que la salvación es el criterio que te conduce al cielo.

El pertenecer a la familia de Dios es muy similar al pertenecer a tu familia de la carne. Después de nacer en el seno de tu familia y crecer en ella, ¿continuaste pidiendo algo del frigorífico cada vez que deseabas algo, o lo ibas a coger tú mismo? Si deseabas leche u otra cosa para comer (después de ser lo suficiente grande para alcanzar la puertecilla) la cogías tú mismo. Si querías un bocadillo, ibas a la cocina, cogías el pan, y te lo preparabas tú mismo. Como ves, todo te pertenece porque formas parte de la familia, pero el aprovecharte de los privilegios, depende de ti. Es lo mismo cuando naces en el seno de la familia de Dios. Todo lo que hay aquí te pertenece, pero depende de ti el tomar o no tomar (por fe) los privilegios.

Examina a la persona que deseas ayudar con la fe.

Suponte que estás tratando de ayudar a una persona en su andar de fe. Si esa persona es cristiana la sanidad ya le pertenece. Todas las cosas de Dios le pertenecen, al igual que te pertenecen a ti. Pero de lo primero que debes asegurarte es de que haya tenido la fe suficiente para ser salva. Después de asegurarte de que la persona es salva, necesitas saber a qué nivel de fe se encuentra. ¿Tiene suficiente fe para ponerse de acuerdo contigo? Si tú crees que se va a sanar y la persona cree que se va a morir, los dos no estáis de acuerdo, y tendrás que cambiar su manera de pensar.

No lo conseguiras yiendo y machándole así: "Muchacho, ten fe en Dios. Dios te sanará, ten fe en Dios." Esto es lo que deseas que reciba, pero este no es el aproche más diplómatico que puedes usar para llevarle hasta el punto en que pueda recibir.

Si es un *bebé cristiano en buena fe*, es muy posible que tu fe obre a su favor. Pero si se trata de un *cristiano de más tiempo que ha sido programado*, posiblemente tendrá algunas barreras tradicionales que tendrás que saltar antes de que os podáis poner de acuerdo.

Si oras por la sanidad de alguien y después de la oración le preguntas, "Bueno, ¿ha sido hecho?"

Si él responde, "Pues, espero que sí." Dicha persona no está sanada porque él esta esperando en sanarse, y tu estás creyendo, y eso no traerá resultado. Debes hacer que él escuche algunos buenos mensajes de fe o que lea algún buen libro de fe. Su fe necesita crecer. Ahora bien, no vayas a obtener uno de esos testimonios que circulan por ahí y dicen, "El Señor es la causa de la miseria que tienes." Eso no es bueno para nada. Obten testimonios que sean buenos.

Hay personas que no querrán escuchar una predicación. Otros no leerán un libro; pero si obtienes algún testimonio bueno de alguien que fue sanado y liberado, generalmente ellos leerán dicho testimonio, porque son verdaderamente interesantes. A la gente les gusta leer acerca de aquellos que han tenido éxito o que han vencido los obstáculos. Puedes conseguir que lean dicha clase de testimonios, aun cuando no quieran leer nada más.

Después de haber leído los testimonios, puedes darles un librito que hable sobre la fe, y decir, "Tengo algo más aqui que es muy bueno, quisiera que lo leyeras." No le des un librote bien grande que trate de la fe, al principio. Debes tener presente que no está acostumbrado a éllo.

Si sólo pudieras ayudarle hasta que su fe estuviera al nivel en que pudiera ponerse de acuerdo contigo, entonces podrías usar tu fe para ayudarle. Para llevar esto a cabo, no necesitas desarrollar la fe de la persona hasta el nivel de tu propia fe. Lo importante es que la persona te diga, "Yo creo que así es, y me pondré de acuerdo con Ud."

Los bebés en la iglesia necesitan cuidado.

La Biblia nos enseña que hay similaridad entre el crecimiento del cuerpo y el crecimiento espiritual. Hace algunos años, mi padre se encontraba dirigiendo un avivamiento para cierto ministro; ellos estaban teniendo unos resultados fantásticos en los llamados para salvación. Una noche en particular muchos matrimonios jóvenes fueron salvos. Solo unos pocos habían asistido antes a la iglesia. Alguien le preguntó al pastor si algún hermano había tomado los nombres y direcciones de aquellos jóvenes. Y resumiendo la anécdota, el pastor contestó, "Oh, yo pensé que si recibieron algo, ya volverán."

Esta anécdota se puede comparar a una familia que va al hospital para tener un bebé. Luego todos se vuelven a casa, y alguien viene para conocer al recién nacido, y pregunta, "Bueno, ¿dónde está el bebé?"

Los padres contestan, "Oh, si es que está vivo, él vendrá a casa dentro de poco."

Esto suena extraño, pero es exactamente lo que hacemos con los bebés que nacen en la familia de Dios. Los dejamos solos para que se desarrollen por sí mismos. "Bendito sea el Señor. Si recibieron algo, ya volverán." Y si ellos regresan los ponemos en una clase junto con un grupo de creyentes que son espiritualmente maduros, y el maestro de la clase les dará comida sólida que se les quedará en la garganta ahogándoles. No pueden tragar esa comida, y comienzan a secarse y a morir de mala nutrición.

Es una locura el pensar que un bebé recien nacido puede cuidarse de sí mismo.

Algunos dirán, "Este no es mi trabajo, que lo haga el pastor." Oye, el pastor está demasiado ocupado con los bebés espirituales que llevan mucho tiempo en la iglesia para poder cuidar de los nuevos.

Aquí es donde nosotros, como hermanos y hermanas maduros en Cristo, en cada iglesia local, deberíamos comenzar a ministrar.

Está circulando ahora una enseñanza llamada el "ministerio del cuerpo." Yo no estoy enseñando ni refiriéndome a dicha doctrina. No obstante, hay un lugar para el ministerio del cuerpo. Sin embargo, no hasta el extremo al que algunos lo están llevando.

He aquí el ministerio correcto del ministerio del cuerpo: *Los hermanos y las hermanas mayores en el Señor, ministran en la congregación bajo la autoridad del pastor.* Me estoy refiriendo a los pastores mencionados en la Palabra de Dios. De aquellos que están bajo la autoridad de Jesucristo que es el Pastor Supremo.

Alguien me dirá, "Pero yo no veo ninguna protección."

Gloria a Dios, mirad sobre nuestras cabezas y veréis la Palabra. Esa es nuestra protección. Nuestra protección es la sangre de Jesucristo y la Palabra de Dios. Eso es todo lo que necesitamos sobre nuestras cabezas. No necesitamos tener un paraguas.

Ya es hora que nosotros los verdaderos creyentes tomemos nuestra posición y defendamos lo que creemos es la verdad. No necesitamos pelearnos por esto; podemos amar a nuestro hermano y hermana sin estar completamente de acuerdo con lo que enseñan.

Pablo nos dice en Romanos 16:17, "Mas os ruego, hermanos, que os fijéis en los que causan divisiones y tropiezos en contra de la doctrina que vosotros habéis aprendido, y que os apartéis de ellos." Haz lo que Pablo te dice aquí, pero no guardes rencor contra nadie.

Bebés espirituales programados y no programados.

Tú has visto como un bebé en Cristo nace y entra en el redil. Posiblemente el pastor lo pastoreará con amor para ayudarle al pasar por lugares difíciles. Puede ser que incluso lo invite a cenar y que tenga comunión fraternal con él. Entonces, otro de los santos en la iglesia dirá: "No lo puedo comprender. El hermano X fue a cenar con fulanito y menganito. El nunca ha ido a cenar con nosotros."

Muchas veces cuando ves a pastores, y a otros siervos del Señor que están teniendo comunión con algunos, no lo están haciendo sólo por tener comunión fraternal con éllos. Están ministrando en la forma que deben hacerlo, para que dicha persona pueda crecer en el Señor y pueda dejar la niñez espiritual. Ellos obran así para que el creyente nuevo aprenda a hacerse parte, y pueda alcanzar o incluso adelantar a algunos de los miembros de la iglesia que han estado quejándose y sin hacer nada. Recuerda, si te estás quejando, no estás aprendiendo. Te has detenido en la carrera y has comenzado a mirar a la izquierda y a la derecha. Cuando estás corriendo tienes los ojos puestos en la meta delante de ti. No tienes tiempo de notar las cosas que están alrededor de ti, porque estás interesado en el ministerio que está delante de ti. Necesitas continuar confesando la Palabra y continuar corriendo porque si te detienes para mirar a tu alrededor te meterás en toda clase de problemas de la carne.

Mientras que los bebés sean bebés, podrás ayudarles fácilmente. Por esto es mucho más fácil enseñar la sanidad a las personas que no han sido enseñadas, aquellas que no tienen un montón de ideas programadas y preconcebidas sobre la sanidad. Es fácil predicar en una campaña misionera a miles de personas, el predicar que Jesucristo es su sanador, y el darles las bases simples de la fe. Ni siquiera tienes que imponerles las manos para que sean sanos, y orar con éllos. Ellos comenzarán a saltar de entre la multitud porque simplemente creyeron lo que les dijiste.

Si me das para escoger entre dos grupos: Uno de 25 personas que no saben sobre la sanidad y otro de 25.000 cristianos que han sido programados, yo tomaré el primero de 25 personas porque con éllas obtendré mucho más resultado que con los 25.000 creyentes programados en toda clase de doctrina sin sentido.

Si te encuentras con un individuo que no está programado, notarás que es mucho más fácil hablar con él sobre la fe y que comenzará a usar su fe inmediatamente. Un joven estudiante de Rhema (El Centro de Entrenamiento Biblico de Broken Arrow, Oklahoma, en Los Estados Unidos) vino a mi oficina un día diciendo: "Yo no puedo comprender por qué hay tantos que tienen dificultad con el creer en Dios para recibir dinero y por todo lo demás."

Le pregunté, "¿A qué te estás refiriendo?"

El contestó, "Pues, es como sigue: Durante mi vida pasada, nunca fui a la iglesia ni supe nada acerca de la Palabra de Dios. Pero me es facíl el creer. Siempre que pido algo, lo recibo."

Aquí está lo importante: El no tenía ideas preconcebidas sobre la fe, o el creer en Dios, o cómo todo debía ser. Luego, cuando alguien le habló de creer en Dios, él comenzó simplemente a creer y obtuvo resultados.

El se preguntaba, "¿Por que? Yo nunca necesito nada." El no podía comprender el por qué algunos, que habían vivido con el mensaje de fe durante un tiempo, tenían problemas recibiendo.

Yo le expliqué, que a pesar que ellos habían vivido en contacto con la fe, estaban tan programados que no sabían cómo usar la fe que tenían. Y cuando recibieron algunas contestaciones al comienzo de sus vidas cristianas, las habían recibido debido a la fe de otro creyente. Ahora, puesto que ellos están oyendo la Palabra, han de sostenerse con sus propios pies y no saben lo que están haciendo. Asi pues, hay muchos que han aceptado el mensaje de fe y están tropezando porque no han recibido buena enseñanza sobre el recibir, y cómo hacer que su propia fe les traiga resultados. Cuando aceptaron el mensaje de fe por primera vez todo les marchó bien, luego, de repente las puertas se les cerraron y no podían comprender lo que estaba ocurriendo. Todavía siguen pidiendo que otros oren con ellos, pero ha llegado el momento en el cuál Dios espera que usen su propia fe de posibilidad, y ni el pastor ni sus amigos pueden ayudarles.

Tu fe obrará resultado a favor de otros durante cierto tiempo.

Aquí relato un ejemplo de la fe de otra persona obrando resultado para con los miembros de mi familia, hasta que llegó el momento en que tuvieron que usar su propia fe y ponerse de acuerdo con el que hacía la oración. Mi prima vino a vivir con nosotros cuando tenía quince años de edad y vivió con nosotros hasta que se casó. Se casó con un joven bautista en un tiempo en que ella no andaba en comunión con Dios. No estoy diciendo nada en contra de los bautistas, pero en todas las iglesias hay personas que dicen que *son* algo y en realidad no lo son. Mi prima decía que era *pentecostal* pero no iba a ninguna iglesia.

Se mudaron a la ciudad de Houston y ella volvió a andar en comunión con Dios. Una mañana temprano sonó el teléfono y todavía me acuerdo que mi padre dijo, "Bueno, ¿quién habla?" Finalmente, le oí que dijo, "Cálmate mujer, ¿Qué es lo que te pasa?" Era la única hermana que mi padre tenía.

En ese momento, toda la casa estaba despierta. Mi hermana, mi madre y yo corrimos hacia mi padre preguntándole, "¿Qué pasa? ¿Que es lo que ha sucedido?"

Mi padre contestó, "Bueno, tu prima ha tenido un bebé. Primero le dijeron que el bebé nació muerto. Después le dijeron que no estaba muerto pero que no recibía oxígeno. Está tan deformado que la carita no parece la de un humano . . . . Es mejor que nadie vaya a ver al bebé, y ellos desean que nosotros oremos." Ves, ellos sabian a quien llamar cuando necesitaban algo.

Mi padre sabía cómo usar su *fe de posibilidad* en las *situaciones imposibles,* y le dijo a su hermana, "Diles que el bebé vivirá y no morirá; el bebé se pondrá bien."

Mi tia dijo, "¿Oh, así piensas tu, Kenneth?" "No, no es que yo lo piense—lo sé. Ahora repite estas palabras . . . ." Mi padre hizo que ella repitiera las palabras otra vez y continuó, "Tan pronto como cuelgues el teléfono, diles lo que he dicho."

Al día siguiente, cuando todos fueron al hospital, el esposo de mi prima estaba gritando, "Soy un bautista pentecostal." Ocurrió que diez minutos después que mi tía había colgado el teléfono, la enfermera vino diciendo, "Pueden venir a ver al bebé ahora. No sabemos lo que ha pasado, pero de repente la cabeza del bebé se infló como si fuera un globo y ahora está bien." Eso fue un milagro. Ellos presenciaron el poder de Dios obrando a su favor. Al bebé le faltaba un pequeño hueso y tuvieron que hacerle un transplante de hueso, una operación muy extensa.

Ahora el es un muchado sana y crecido, pero quiero mostrarte algo. Fue la fe de mi padre la que obró a su favor salvando la vida del niño.

He visto a mis tíos, tías, tíos de lejos—a todos en mi familia llamar a mi padre para que orara, cuando hemos estado en cualquier lugar de los Estados Unidos.

Un día mi abuela (la madre de mi padre) llamó diciendo que la prima hermana de mi padre estaba en el hospital y que los doctores decían que se estaba muriendo.

Mi padre sabía que ellos no sabían nada sobre la fe. De hecho, en aquellos momentos ni decían que eran cristianos.

Mi padre dijo, "Pues, mamá, diles que ella vivirá y no morirá." Todo su cuerpo estaba infectado y se iba a morir en cualquier momento. Tan pronto como la infección llegara al corazon, ella moriría. La enfermedad ya había paralizado sus piernas.

Mi abuela dijo, "¡Oh! Has oído del cielo!" Ella sabía que mi padre recibía manifestaciones especiales de lo alto.

"Ciertamente que sí," dijo él.

"¡Gloria al Senor!" exclamó ella.

"Marcos 11:23 dice . . . ."

"¡Oh!" dijo ella sonando desilusionada.

Todos desean las manifestaciones especiales—alguna voz audible o algo que les sirva de señal, cuando tienen toda la señal que van a necesitar. Está escríto en la Palabra, "Dilo con tu boca, créelo con tu corazón y ocurrirá."

Los creyentes necesitan crecer espiritualmente.

He presenciado sanidades en los miembros de nuestra familia, una y otra vez: cosas instantáneas. Y después, vi el día cuando clamaron por ayuda y nada ocurrió. Oramos, lo dijimos y nada ocurrió. Esto hizo que el Hermano Hagin, mi padre, comenzara a estudiar el asunto y yo tomé estas enseñanzas de él. Mi padre explica esto en su libro *Growing Up Spiritually* [2] (Creciendo Espiritualmente). Lo explica de esta manera: Nosotros cuidamos de los niños pequeñitos durante la infancia. Pero queremos que el niño crezca y comience a comer y se cuide de sí mismo. Dios cuida de las personas durante un cierto tiempo, pero llega el día en que El quiere que los cristianos comiencen a usar la cuchara para alimentarse éllos mismos, y comiencen a creer por sí mismos. Necesitan crecer al nivel de fe en el que puedan ponerse de acuerdo con otro creyente.

Tu fe obrará a favor de ellos, si tienen los mismos deseos que tu tienes y si son bebés espirituales, pero ellos pronto tendrán que aprender a creer en Dios por sí mismos.

Es triste decirlo, pero hay muchas personas que nunca aprenden la realidad de usar su propia fe hasta que se enfrentan con alguna situación trágica, entonces claman a Dios y nada ocurre. Entonces comienzan a escudriñar, a orar y a buscar a Dios. Comienzan a escudriñar la Palabra de Dios y se dan cuenta que era su culpa.

No culpe a Dios.

Hay personas que culpan a Dios por las cosas malas que les ocurren. Dios no tiene la culpa. Un día mientras estaba enseñando en cierta ciudad, ocurrió una desgracia. Varios niños habían estado alejados durante cuatro horas, y era que un tren los había matado. La compañia del ferrocarril no tuvo la culpa. Era su tren, y el tren estaba en sus carriles, y el maquinista estaba cumpliendo con su trabajo. La culpa tampoco era de Dios. La culpa recayó sobre los padres que no sabían dónde sus hijos estaban. Les llevó cuatro horas de búsqueda por el vecindario, hasta que los encontraron. La culpa era de los padres. Los niños no debieran haber estado jugando en los raíles del tren.

Es muy probable que los padres les hubieran dicho que no jugaran allí, pero puesto que eran niños, era el deber de los padres el mantenerles alejados del tren.

Dios ya nos ha dicho que "Al que cree todo es posible," y "Lo que es imposible para los hombres es posible para Dios." Pero muchas personas no aceptan lo que El les está diciendo que hagan. Ellos hacen su propia voluntad en lugar de seguir el camino de Dios, y se meten en problemas. Entonces, culpan al diablo o a Dios, cuando ninguno de los dos tiene la culpa.

Ellos diran, "¡El diablo lo hizo!"

Pues, si lo hizo el diablo es porque le permitiste que lo hiciera.

Depende de ti.

La fe de posibilidad obrará a tu favor si la pones en obra, pero depende de ti el hacer que obre. Sería una tontería si yo me sentara con el lápiz en la mano preguntándome, ¿Cuánto son dos por seis? y así continuara sentado, diciendo, "Aprendí la tabla de multiplicar pero no me da resultados. ¿Cuánto son dos por seis?" Claro está, tú sabes usar la tabla de multiplicar y sabes que dos por seis son doce. Así es como funciona la fe de posibilidad. Por sí misma no da resultados. Tu tienes que hacerla obrar a tu favor. Ya tienes la formula.

Cuando estudiaste matemáticas aprendiste la fórmula para averiguar el perimetro de la circumferencia. Aprendiste la fórmula para encontrar el radio de un círculo. Aprendiste la fórmula para encontrar el diámetro de un círculo. Y aprendiste una fórmula para encontrar el volumen de un cilindro. Si estudiaste matemáticas en la escuela, aprendiste la fórmula para cada figura geométrica, pero de nada te servirán hasta que no cojas papel y lápiz y te pongas a averiguar el resultado.

Si tienes un calculador pequeño de bolsillo, puede darte los resultados, pero debes pulsar los botones. Estoy seguro que un día la tecnología moderna inventará un calculador que funcionará con palabras, pero aun tendrás que hablarle. Así es la fe de posibilidad. Tienes que hacerla funcionar para ti.

La fe de posibilidad siempre obrará resultados para ti mismo, y algunas veces obrará para otros si pertenecen a ciertas categorías; pero nunca obrará para alguien con deseos opuestos a los tuyos. Tu fe de posibilidad nunca obrará para ellos si no desean ser sanos, o no se ponen de acuerdo, no importa cuán ardientemente desees liberarlos.

Uno de los *dones del Espíritu* pudiera comenzar a obrar y ellos pueden ser sanos de esa forma, pero éste es un tema completamente aparte, que debe ser enseñado a las personas. Hay una diferencia entre la operación de los *dones del Espíritu* y la unción especial donde la fe debe ser ejercitada. Cuando los *dones del Espíritu*, el hacer milagros y otros dones están en operación, las cosas ocurren fácilmente. Pero cuando se trata de una unción especial o de desear algo por ti mismo, eres tú *y sólo tu* quien tiene que activar el poder de Dios con tu fe. En Marcos 5, Jesús no le dijo a la mujer que tenía el flujo de sangre, "Hija, mi poder te ha sanado." ¡No! El se volvió diciendo, "Hija, tu fe te ha hecho salva; vé en paz y queda sana de tu azote." Tu fe. *Tu fe.* Dicha mujer tomó su fe de posibilidad y transformó lo imposible en posible.

¿Cómo lo hizo?

Cuando oyó.

¿Qué es lo que oyó?

Ella oyó la Palabra de Dios. El capítulo primero del Evangelio de Juan en el versículo 14 dice, *que aquel Verbo (o Palabra) fue hecho carne, y habitó entre nosotros.* Se refiere a la Palabra escrita. Cuando ella oyó, "La fe viene por el oír, el oír, el oír, el oír la Palabra de Dios" (parafraseado por el Autor). El oír es ilimitado y no podrás repetirlo demasiado en este versículo.

Este método funciona en el reino espiritual y en el natural. Cuando hay una persona que no tiene mucha confianza en sí misma, los psicólogos le dicen que coja papel y lápiz y escriba su nombre muchas veces. También le dirán que se ponga delante de un espejo contemplándose a sí misma, y repita su nombre en voz alta una y otra vez, y otra vez, y otra vez.

Toma la Palabra de Dios y aumenta tu confianza. "No perdáis, pues, vuestra confianza . . . ." (Hebreos 10:35). La Palabra es tu confianza. La fe de posibilidad está compuesta de la Palabra la cuál hace todas las cosas posibles, porque para Dios todas las cosas son y serán posibles. Las posibilidades existirán unas detrás de otras si haces que se manifiesten en la realidad. Las posibilidades existen desde el momento en que los hijos de Dios las hablan con sus bocas.

Nunca me he enfrentado con una situación que fuera imposible, porque donde existe el poder de Dios, hay suficiente poder para solucionar cualquier problema que ocurra.

Toma dicho poder y la Palabra. Marcha adelante diciendo lo que deseas y verás como ocurre en tu vida.

Cita la Palabra sobre los que desees ayudar.

Si deseas ayudar a alguien para que crea, tienes que *elevarlo* en fe, hasta que crea y sea su deseo el recibir.

¿Qué hago si no desean la salvación?

Entonces debes citar la Palabra sobre éllas. Hebreos 11:6 nos dice, " . . . porque es necesario que el que se acerca a Dios crea que le hay . . . ." Encuentra otros versículos de la Palabra para citarlos sobre ellos, para que comiencen a creer en Dios. Entonces, cuando ellos comiencen a creer en Dios, el Espíritu Santo les ayudará. Su voluntad cambiará. Hasta que no comiencen a creer en Dios, todas tus oraciones y todas tus confesiones no tendrán ningún efecto, porque las estás poniendo en el canal equivocado.

No estoy diciendo que sea imposible que ellos encuentren a Dios usando el modo que has estado usando. Lo que quiero decir es que no estás usando la fórmula correcta. Si deseo encontrar el radio de un círculo, puedo encontrarlo calculando el díametro, pero he de hacer algo más. Tengo que dividir el diámetro por dos. Como ves, tengo que hacer algunos ajustes. Lo mismo ocurre cuando tratamos con las almas perdidas. Puedes comenzar usando un aspecto del creer y a medida que vas tratando con la persona te das cuenta de su estado, entonces descubres que no estás usando la fórmula correcta, y tienes que deshacer lo hecho y hacer ajustes.

Algunas veces cuando comenzamos a usar esta fe de posibilidad, nos encontramos con cierto caso en el que hemos pensado que la persona estaba creyendo con nosotros; pero de repente nos damos cuenta que la persona sólo estaba esperando recibir. Nosotros creíamos, ellos esperaban. Hemos de detenernos y hacer los ajustes necesarios para elevar la fe de ellos hasta el punto en que puedan ponerse de acuerdo con nosotros, antes que podamos obtener una respuesta.

Donde haya casos imposibles existe lo posible.

Lo que es imposible trae grandes victorias.

La prueba de la fe trae grandes recompensas. Nunca ha habido una victoria sin haber una batalla.

No pienses que en el momento en que termines de leer este libro, y comiences a usar tu fe de posibilidad, las cosas comenzarán a ocurrir a tu derecha y a tu izquierda, porque no será así.

Puede ser que me digas, "Hermano Ken, nos inflas con tanta inspiración y ahora nos desinflas."

¡Bueno! Eso te mantendrá los pies en el suelo al terminar de leer este libro, y entonces podrás obtener resultados.

La Avenida de la Victoria o la Calle de la Derrota—Depende de ti.

Quiero que sepas que puedes tomar la fe de posibilidad para obtener los resultados que necesites. También quiero decirte antes de que termines de leer, que el diablo no te dejará libre sin luchar. Satanás averiguará si verdaderamente crees que todo es posible al que cree. El diablo no se irá con *el rabo entre las patas* hasta que no uses la fórmula.

Esta es la forma en que muchos buenos creyentes han caído, dando la espalda al mensaje de fe: Han salido empezando a usar algunos principios que han oído y han tenido un poquito de oposición. Todo no era rosas y belleza, y han dicho, "Bien, esta enseñanza no da resultados." Fueron enlazados con sus propias palabras. Encontrarás que son individuos cobardes y derrotados.

Si puedes hacer que ellos vuelvan a confesar la Palabra—debidamente—con la boca, en la manera que deben hacerlo, luchando hasta obtener la victoria, te darás cuenta que no volverán a ser derrotados durante el resto de sus vidas.

Una vez que has probado el gozo de la victoria, nunca te contentarás con la agonía de la derrota. En esta vida, en las cosas naturales o espirituales—lo que sea—una vez que pruebas el gozo de estar en la cumbre de la montaña, nunca más estarás satisfecho abajo.

Tal vez, en tu trabajo hayas progresado desde el lugar más bajo al que te encuentras hoy. Promoción tras promoción y ahora eres el jefe. Te asegurarás de que nunca más tengas que regresar al puesto que tenías antes.

Cuando estaba haciendo el servicio militar me hicieron jefe de pelotón y cuando fui al extranjero me promovieron a asistente principal del centro de comunicaciones. Te aseguro que hice todo lo posible para que no me descendieran del puesto que tenía, para que no me pusieran de nuevo a lavar cuartos de baño y a trabajar en la cocina.

Hice lo posible para quedarme en el puesto alto, porque me gustaban los privilegios que iban con mi posición.

Me gustan los privilegios que van con el soldado del Señor Jesucristo. Yo he aprendido a usar la fe de posibilidad, y voy a pelear la batalla con la Palabra de Dios, y a mantenerme en mi posición. Voy a continuar victorioso. Seré más que vencedor en Jesucristo. He estado en la Calle de la Derrota y no voy a regresar. Continuaré viviendo en la Avenida de la Victoria.

Alguien dirá, "Sí, pero el sentido común te dirá que tienes que regresar algún día."

¡No me muevo por el sentido comun! La Palabra de Dios dice que ando por la fe y no por el sentido común.

No ando por las circunstancias. No ando de acuerdo a lo que siento. No ando de acuerdo a lo que veo. Ando solamente de acuerdo a lo que creo. Y creo lo que la Palabra dice.

La Palabra dice, "Mayor es El que está en mí, que el que está en el mundo."

La Palabra dice, "Por Sus llagas fui curado."

La Palabra dice, "Todas mis necesidades están suplidas conforme a Sus riquezas en gloria." Y eso quiere decir *provisiones abundantes* no sólo para *ir pasando*.

La Palabra dice. Así harás que tu fe de posibilidad obre resultado. Que tus imposibilidades creen posibilidades.

Recuérdalo. Escríbelo.

Si no te acuerdas de nada más de lo que has leído, recuerda lo siguiente: La Palabra de Dios transformará las imposibilidades en posibilidades.

Si tienes que hacerlo, lector, hazte un cartel con las palabras: "*Con la Palabra de Dios las Imposibilidades se Transforman en Posibilidades.*" Ponlo en un lugar de modo que sea lo primero que veas por la mañana y lo último que veas por la noche. Léelo en alta voz una y otra vez. Si no lo dices más que esas dos veces, después de un tiempo te darás cuenta que las cosas están cambiando a tu favor.

Esto ocurrirá porque has estado confesando que a través de la Palabra de Dios las imposibilidades se hacen posibilidades. Entonces te habrás enseñado a ti mismo en el campo de la fe de posibilidad.

¡Las Imposibilidades del Hombre—Posibilidades para Dios!

---

[2] Kenneth E. Hagin, Growing Up Spiritually, Kenneth Hagin Ministries; Tulsa, Oklahoma, 1976.